AF151198

BEI GRIN MACHT SICH IHR
WISSEN BEZAHLT

- Wir veröffentlichen Ihre Hausarbeit,
  Bachelor- und Masterarbeit

- Ihr eigenes eBook und Buch -
  weltweit in allen wichtigen Shops

- Verdienen Sie an jedem Verkauf

Jetzt bei www.GRIN.com hochladen
und kostenlos publizieren

Jens Junek

Lektürehilfe zu Christoph Hein: In seiner frühen Kindheit ein Garten

GRIN Verlag

Bibliografische Information der Deutschen Nationalbibliothek:

Die Deutsche Bibliothek verzeichnet diese Publikation in der Deutschen National-
bibliografie; detaillierte bibliografische Daten sind im Internet über http://dnb.d-
nb.de/ abrufbar.

Impressum:

Copyright © 2010 GRIN Verlag GmbH
Druck und Bindung: Books on Demand GmbH, Norderstedt Germany
ISBN: 978-3-640-82940-8

Dieses Buch bei GRIN:

http://www.grin.com/de/e-book/166608/lektuerehilfe-zu-christoph-hein-in-seiner-
fruehen-kindheit-ein-garten

GRIN - Your knowledge has value

Der GRIN Verlag publiziert seit 1998 wissenschaftliche Arbeiten von Studenten,
Hochschullehrern und anderen Akademikern als eBook und gedrucktes Buch. Die
Verlagswebsite www.grin.com ist die ideale Plattform zur Veröffentlichung von
Hausarbeiten, Abschlussarbeiten, wissenschaftlichen Aufsätzen, Dissertationen
und Fachbüchern.

Besuchen Sie uns im Internet:

http://www.grin.com/

http://www.facebook.com/grincom

http://www.twitter.com/grin_com

Modellschule Obersberg/ Bad Hersfeld

Deutschkurs D12p13

Interpretationshilfe

Christoph Hein
In seiner frühen
Kindheit
ein Garten Roman

Suhrkamp

Mai 2010

Interpretationshilfe zu Christoph Heins Roman „In seiner frühen Kindheit ein Garten"

Herausgeber: Jens Junek
Autorenschaft: Schülerinnen und Schüler des Grundkurs Deutsch 12p13
                    (Abiturjahrgang 2011) der Modellschule Obersberg in Bad
                    Hersfeld sowie deren Deutschlehrer

Kontakt

Jens Junek
Modellschule Obersberg
Am Obersberg 25
36251 Bad Hersfeld
E-Mail: junek@modellschule-obersberg.de

Vorwort

Im Rahmen des Deutschunterrichtes einer zwölften Klasse der Modellschule Obersberg haben wir als eine sehr eifrige Gruppe aus Sportleistungskursschülern diese Lektürehilfe für Christoph Heins „In seiner frühen Kindheit ein Garten" entworfen. In nur vierwöchiger Arbeit haben wir uns viel Mühe gegeben, eine anschauliche Zahl von Texten zu verfassen und möglichst alle wichtigen und interessanten Themen zu berücksichtigen.

Dabei ist unser Anliegen, dass wir vielen anderen Schülern helfen können, indem sie sich mit unserem Lektüreschlüssel einen Überblick über den Roman verschaffen, sich orientieren und dabei Interpretationsansätze zur Weiterentwicklung entdecken.

Viel Spaß beim Lesen des Romans und beim erleichterten Interpretieren mit dieser Lektürehilfe.

Mit freundlichen Grüßen

Monique Apel Marielle Fischer Sabrina Böhle Lea Henning Andreas Pannek

Denise Kuhl Johanna Roth Eva Sippel Dominik Betz

Matheus Drzewiecki Sebastian Ernst Arnold Gildenberger Florian Hoffmann

Alexander Görzen Niklas Dähn Nikola Lissner Adrian May

Christopher Nuhn Dominic Rehbein Lukas Schmitt Lukas Schott Patrick Sauer

Joshua Steinberg Alexander Wiegand Stephan Wiegand

Bad Hersfeld, im Mai 2010

Inhaltsverzeichnis

1. Biografie des Autors

Christoph Hein

Christoph Hein wurde am 8. April 1944 in Heinzendorf im heutigen Polen geboren. Nach Kriegsende flohen seine Eltern mit dem einjährigen Sohn nach Sachsen, wo er in Bad Düben bei Leipzig in einem Pfarrhaus lebte. Dort verbrachte Hein seine Kindheit und bewarb sich 1958 um einen Platz an einer Oberschule im (künftigen) Osten Berlins, welcher ihm allerdings verwehrt blieb, da er Sohn eines Pfarrers war.

Da diese Berufsgruppe für die Ideologie des Staates keinen materiellen Nutzen hatte, war der Beruf des Pfarrers mit Nachteilen verbunden. Gewollt waren zum Beispiel Arbeiterkinder. Aus diesem Grund wurde er an der Oberschule nicht angenommen, sodass er schließlich ein Gymnasium im (künftigen) Westen Berlins besuchte. Seine Familie zog nach Ost-Berlin um. Beim Mauerbau entschied sich Hein, bei seiner Familie im Osten zu bleiben; ein höherer Schulabschluss blieb ihm hier aber zunächst verwehrt. Im Alter von 17 Jahren arbeitete er in Ostberlin als Montagearbeiter, Buchhändler, Kellner, Journalist und Schauspieler.

1964 bestand er dann sein Abitur an einer Abendschule. Bereits im Alter von 22 Jahren (1966) heiratete er seine Frau, eine Dokumentarfilmerin. Noch im selben Jahr bekam Hein seinen ersten von zwei Söhnen. Hein begann 1971 einem Studium für Dramaturgie, welches er jedoch nicht erfolgreich beendete. In den folgenden Jahren erlangte Hein einen Abschluss im Studienfach Logik und Philosophie.

Ab 1971 arbeitete er an einem Ost-Berliner Theater als Assistent und Dramaturg. Ab 1974 auch als Autor.

1979 fing Hein an, als freier Schriftsteller zu arbeiten. Der bis dahin unbekannte Christoph Hein veröffentlichte 1982 in der DDR die Novelle „Der fremde Freund", welche ihn bekannt machte. Aufgrund des Titelschutzes erschien die Novelle erst 1983 in Westdeutschland unter dem Namen „Drachenblut". Er trat dem Schriftstellerverband der DDR bei. 1984 erhielt Hein den Literaturpreis des Verbandes deutscher Kritiker. In den folgenden Jahren war er auch als Übersetzer für französische Werke tätig. Im Alter von 41 Jahren wird Hein 1985 in die internationale Schriftstellervereinigung P.E.N. (*poets,essayists,novelists*)gewählt .

In den Jahren bis zum Mauerfall beschäftigte sich Hein vor allem mit Vorträgen und Lesungen über DDR-Literatur. Im Jahre des Mauerfalls erhielt Hein den „Lessing-Preis", einen hochangesehener Literaturpreis der DDR.

Mit seinem Stück „Die Ritter der Tafelrunde", welches er 1989 schrieb, schuf Hein eine Parabel auf die zugrundegehende DDR. Die Aufführung wurde bis 1989 nicht genehmigt. Die Uraufführung galt als Sieg über die allgegenwärtige Zensur der DDR.

1990 bekam er den Erich-Fried-Preis, ebenfalls ein Literaturpreis, verliehen. In den folgenden Jahren wurde Hein auf Grund seiner literarischen Leistungen in verschiedene Akademien der Künste berufen. Ab 1992 war er Mitherausgeber einer Wochenzeitung. Im Alter von 54 Jahren (1998) wurde er zum Präsidenten des P.E.N. Deutschlands gewählt. Hein erhielt weitere Literaturpreise. Insgesamt erhielt er in seiner Karriere 14, seinen jüngsten in 2010, den Eichendorff-Literaturpreis. 2002 starb seine Frau. In den folgenden Jahren veröffentlichte Hein diverse Bücher, unter anderem 2004 den Roman „Landnahme", wofür er auch ausgezeichnet wurde. 2006 sollte Hein Leiter des Deutsches Theaters werden, was er aber auf Grund von heftigen Reaktionen gegen ihn, vor allem aus der Presse, nicht annahm. Sein Buch „In seiner frühen Kindheit ein Garten" wurde im Jahre 2006 erstmalig herausgegeben.

Christoph Hein gilt heute als ein bedeutender Schriftsteller im deutschen Sprachraum und insbesondere als bedeutender DDR-Schriftsteller. Neben seiner Tätigkeit als Schriftsteller war er außerdem noch als Übersetzer und Essayist tätig.

Wer ist Christoph Hein?

Hein war schon immer ein Außenseiter. Als Flüchtlingskind und Sohn eines Pfarrers hatte er es schon zu Anfang schwer und wurde in seiner neuen Heimat nicht willkommen geheißen. Als Sohn eines Pfarrers spürte er, dass er nicht benötigt wurde. So wurde ihm zum Beispiel, wie schon erwähnt, die Aufnahme an einer Schule verwehrt. Hein wuchs früh in die Rolle des Außenseiters hinein.

Zu seinen politischen Ansichten hält sich Hein sehr bedeckt, da er der Meinung ist, dass Prominente mit einer Meinungsäußerung nur zur Volksverdummung beitragen.

Bekannt ist aber, dass Hein Sympathisant der Ideologie der DDR ist: „...die Verfassung der DDR liest sich auch heute noch wunderbar..." (Viertelhaus 2007, S. 78).

Allerdings ist Hein „nur" Sympathisant der Ideologie der DDR, nämlich des Sozialismus. Mit der Umsetzung dieser Ideologie war Hein zum Teil sehr unzufrieden. So sprach er sich schon immer öffentlich gegen die Zensur aus und missachtete sie auch. „Wenn ich den Zensor in meinen Kopf reinlasse, kann ich den Griffel gleich aus der Hand legen" (ebd., S. 80). Christoph Heins Ziel des Schreibens ist nicht, eine Veränderung zu bewirken, er versteht sich „lediglich" als Beobachter und versucht so, einen Ist-Zustand möglichst genau zu beschreiben. Schon mit seinem ersten Werk „Der fremde Freund" wurde Hein zum Chronisten von Deformationen, ob politischer Natur oder gesellschaftlicher. So erzählt er eine Geschichte, mit Hilfe derer er einen Missstand behandelt. Diese „verpackte" Art Kritik zu üben entwickelte sich vor allem aus dem Schreiben unter Zensur. Es war nicht möglich, Dinge einfach direkt auszusprechen, also bediente sich Hein eines Umweges. Sein Ziel des Schreibens ist, den Menschen ihre

Situation bewusst zu machen, sodass sie von sich aus eine Veränderung herbeiführen. So gibt Hein auch im vorliegenden Roman keinerlei Wertung ab. Er berichtet lediglich. Er greift einen RAF-Fall auf, um zu zeigen, wie ein demokratischer Staat mit Gerechtigkeit und dem Individuum umgeht.

2. Historischer Hintergrund

Die Rote Armee Fraktion (RAF)

Um die Zusammenhänge aus „In seiner frühen Kindheit ein Garten" zu verstehen, ist es wichtig, das zeitgenössische Geschehen zu erörtern. Daher ist eine Beschäftigung mit der Gruppe, der Oliver Zurek angehörte, und ihrem Einfluss unumgänglich.

Die Rote Armee Fraktion war eine aus dem Untergrund agierende, linksterroristische Vereinigung. Sie wurde (informell) im Mai 1970 gegründet und verkündete die Selbstauflösung im April 1998. Während ihrer Wirkungszeit ist sie für 34 Morde und mehrere Überfälle und Attentate verantwortlich zu machen.

Ideologie & Vorgeschichte

Die RAF verstand sich von Beginn an als eine einzig aus politischen Gründen agierende Terrorgruppe. Obwohl sie große Unterschiede zu der Jugendbewegung der späten 60er besaß, vertrat auch sie viele Ansichten der selbigen. Zum einen wurde die verlogene Politik in Deutschland angeprangert, da viele Funktionäre aus der NS-Zeit weiterhin politische Positionen innehatten. Daraus folgte starke Kritik an der „Vertuschungspolitik", in Folge derer dem Staat auch erneute faschistische Tendenzen nachgesagt wurden. (Antifaschismus)

Allgemein zur Kritik am Kapitalismus der US- Regierung und dem westlichen Europa trugen die Ereignisse des Vietnam-Krieges in erheblichem Maße bei. (Antiimperialismus, Antikapitalismus)

Im Zuge dieser Politisierung der Jugend entwickelten sich, auch als Reaktion auf den Faschismus und die NS-Zeit, viele kommunistische Gruppen. Auch unter den Kommunisten wiederum gab es unterschiedliche Meinungen, etwa ob der Legitimation von Gewalt.

Natürlich gab es dann neben den konservativ Eingestellten auch Radikale.

Es kam nun auch zu vielen Unruhen, ein entscheidender Aufreger war jedoch die Erschießung des Studenten Benno Ohnesorg durch einen Polizisten. Während es in den späten Sechzigern bei Unruhen der Studenten blieb, sah sich die linksradikale RAF als Antreiber einer weiterführenden Revolution. Auch der Name Rote Armee *Fraktion* zeigt, dass sie sich als Vorreiter einer breiten Masse definierte, die sie jedoch erst von den Missständen überzeugen müsse.

Für die RAF war dabei die Gewaltanwendung ein unumgänglicher Schritt zum Erreichen ihrer Ziele. Nach dem Vorbild von Guerillas wie den *Tupamaros* in Uruguay wollten sie durch gezielte Taten aus dem Untergrund den Kampf gegen das „System" aufnehmen.

Des Weiteren lässt sich zur Ideologie der RAF sagen, dass sie durch ihre eigenen Aktionen die gesteckten Ziele in Frage stellten und die eigentliche Ideologie in den Hintergrund rückten. Dabei geht es vor allem um die Tötung unbeteiligter Personen und auch darum, dass die Geiselnahmen zur Befreiung der Inhaftierten mit der Ideologie nicht direkt zu tun hatten, sondern lediglich die Fronten verschärften und die Gesellschaft, die überzeugt werden sollte, eher abgeschreckt und geschockt wurde.

1. Generation

Als Geburtsstunde der RAF wird die Befreiung Andreas Baaders am 14. Mai 1970 genannt. Journalistin Ulrike Meinhof traf sich unter einem Vorwand mit Andreas Baader im Deutschen Zentralinstitut für soziale Fragen in Berlin.

Dieser konnte dann durch Waffengewalt befreit werden. Bei der Befreiungsaktion wurde ein Angestellter des Instituts schwer verletzt. Im Sommer 1970 hielten sich Andreas Baader, Ulrike Meinhof, Horst Mahler, Peter Homann, Brigitte Asdonk und weitere Personen in Jordanien auf. Sie erhielten in einem Camp eine militärische Ausbildung. Am Anfang fiel die Gruppe durch zahlreiche Banküberfälle und Diebstähle auf, welche das Überleben im Untergrund sichern sollten.

Am 29. September 1970 wurde der *Dreierschlag* durchgeführt, bei dem zur gleichen Zeit drei Banken überfallen wurden. Bei den Überfällen wurden 209.000 DM erbeutet. Die Beteiligten wurden kurz darauf am 9. Oktober 1970 verhaftet. Im April 1971 gab die RAF das Strategiepapier *Das Konzept Stadtguerilla* heraus. Darauf folgte eine bundesweite Fahndung nach ungefähr 50 Mitgliedern der RAF. Die Spitze der 1. Generation bestand aus Andreas Baader, Gudrun Ensslin, Holger Meins, Ulrike Meinhof und Jan Carl Raspe. Es gab immer wieder Schusswechsel zwischen der Polizei und der RAF. Diese forderten zahlreiche Opfer. Am 15. Juli 1971 beispielsweise wurde Petra Schelm erschossen, am 22. Oktober und 22. Dezember die Polizisten Norbert Schmid und Herbert Schoner.

1972 wurden die ersten Bombenanschläge auf US-Militäreinrichtungen verübt. Auch staatliche Einrichtungen wurden ins Visier genommen. Bei fünf Sprengstoffanschlägen im Jahr 1972 wurden vier Menschen getötet und über 30 Menschen schwer verletzt. Im Juni 1972 wurde der harte Kern der 1. Generation verhaftet. Die Verhältnisse im Gefängnis bezeichneten die Terroristen als "Isolationsfolter". Auf diese Verhältnisse reagierten sie mit Hungerstreiks. Diese wiederum forderten Opfer und am 9. November 1974 starb Holger Meins in der JVA Wittich.

Zu den Anwälten der ersten Generation gehörten:

- Otto Schily
- Hans Christian Ströbele
- Rupert von Plottnitz
- Hans Heinz Heldmann

Im Mai des Jahres 1975 wurden die Inhaftierten angeklagt und im April 1977 zu lebenslanger Haft wegen Mordes verurteilt. Die führenden Mitglieder der ersten Generation fanden ihren Tod im Hochsicherheitstrakt der JVA Stuttgart-Stammheim in den Jahren 1976 und 1977. Ulrike Meinhof wurde erhängt in ihrer Zelle aufgefunden. Die zweite RAF-Generation versuchte ohne Erfolg, die Inhaftierten im *Deutschen Herbst* zu befreien.

2. Generation

Die zweite Generation bildete sich nach der Inhaftierung der ersten Generation und setzte sich zum Ziel, die Inhaftierten zu befreien. Diese wurden von den Rechtsanwälten Siegfried Haag und Klaus Croissant, sie vertraten die erste Generation, rekrutiert. Die Gruppierung wurde immer stärker terroristisch aktiv und das Ziel der politischen Veränderungen, geriet in den Hintergrund. Am 27. Februar 1975 wurde der Spitzenkandidat der CDU, Peter Lorenz, von der *Bewegung 2. Juni* entführt. Durch diese Entführung sollten Inhaftierte frei gepresst werden, darunter auch RAF-Mitglieder. Die Regierung ging auf die Forderungen der Entführer ein und die geforderten Inhaftierten wurden nach Aden im Jemen ausgeflogen. Daraufhin wurde Peter Lorenz am 4. März 1975 freigelassen. Am 24. April 1975 wurde die deutsche Botschaft in Stockholm von mehreren RAF-Terroristen besetzt. Die Terroristen gingen kaltblütig vor und erschossen zwei Diplomaten. Dadurch, dass ein Sprengsatz versehentlich detonierte, ging das Gebäude in Flammen auf und die Geiseln konnten sich retten. Siegfried Haag, der Drahtzieher der Aktion, wurde am 13. November 1976 verhaftet. Nach Haags Verhaftung übernahm Brigitte Mohnhaupt die Führung der zweiten Generation. Der Generalbundesanwalt Siegfried Buback wurde unter der Leitung von Ulrike Meinhof in Karlsruhe getötet.

Im *Deutschen Herbst* erreichte der Terrorismus seinen Höhepunkt. Der Präsident des Bundesverbandes der Arbeitgeber, Hans Martin Schleyer, wurde vom 5. September 1977 bis zum 18. Oktober 1977 als Geisel gefangen gehalten. Die Forderung der RAF war erneut die Freilassung der Inhaftierten. Am 30. Juli wurde der Vorstandssprecher der Dresdener Bank, Jürgen Ponto, ermordet. Am 13. Oktober wurde die Lufthansamaschine *Landshut* durch ein palästinensisches Kommando entführt. Die Entführung des Flugzeugs wurde durch die GSG9 am 18./19. Oktober gewaltsam beendet. Nach dem Scheitern der *Landshut*-Geiselnahme begingen die

Gründungsmitglieder der RAF Selbstmord. Darauf folgte die Ermordung Schleyers. Das Dasein der RAF war von 1978 bis 1982 vom Leben im Untergrund geprägt.

3.Generation

Die Mitglieder der dritten Generation sind nicht sehr bekannt. Die Befreiung der Inhaftierten RAF-Mitglieder stand nicht mehr im Vordergrund, sondern eher die Kooperation mit anderen Terrorgruppen und gezielte Angriffe auf den Staat. Es ist bekannt, dass Wolfgang Grams und Birgit Hogefeld zur Befehlsebene gehörten. Die RAF fand keinen Rückhalt in der Bevölkerung und lebte isoliert im Untergrund. Am 31. August und 15. September 1981 verübte die RAF diverse Anschläge auf US-Airbasen. 1982 wurde das *Mai-Papier* veröffentlicht, in dem die Änderungen der Zielsetzungen der RAF bekannt gegeben wurden. Am 9. Juli 1986 wurde der Siemens Manager Karl Heinz Beckurts durch einen Bombenanschlag auf sein Auto getötet. Der Chef der Deutschen Bank, Alfred Herrhausen, wurde am 30. November 1989 ebenfalls durch eine Bombe getötet.

Am 27. Juni 1993 sollten die RAF Mitglieder Wolfgang Grams und Birgit Hogefeld in Bad Kleinen festgenommen werden. Für dieses Vorhaben wurden 100 Polizisten, unter denen 39 GSG9 Beamte waren, eingesetzt. Ein V-Mann sollte sich mit Grams und Hogefeld treffen und daraufhin sollten sie ohne besondere Vorkommnisse festgenommen werden. Trotzdem kam es zu einem Schusswechsel, bei dem ein GSG9 Beamter und Grams starben. Der Tathergang ist unbekannt. Daraufhin trat, was einige Spekulationen hervorrief, Bundesminister Seiters zurück.

Am 20. April 1998 verkündete die RAF die Selbstauflösung.

3. Inhalt

Der Roman „In seiner frühen Kindheit ein Garten" von Christoph Hein erzählt die Geschichte eines jungen Terroristen, der bei einem Schusswechsel mit der Polizei ums Leben kommt. Hein berichtet, wie der Staat den Fall auf seltsame Weise zu verschleiern versucht, der Vater des Terroristen bei seiner Trauerarbeit mit seinem Alltag zu kämpfen hat und dabei mit den eigenen Idealen in Konflikt gerät.

Kapitel I

In Kapitel I. wird der Leser in den Alltag des pensionierten Schuldirektors Richard Zurek und dessen Frau Friederike eingeführt. Ihr Sohn Oliver ist seit fünf Jahren tot und Richard unterhält sich mit dem Sohn eines Schulkameraden über die vergangenen Jahre.

Kapitel II

Richard schreibt einen Brief an den ehemaligen Innenminister, in dem er ihn bittet, ihm über den Tod seines Sohnes Aufschluss zu geben. Des Weiteren redet Richard mit dem Pfarrer über Oliver. Zurek und seine Frau planen einen Besuch des Bahnhofs von Kleinen, an dem ihr Sohn vor fünf Jahren ums Leben gekommen ist.

Kapitel III

Herr und Frau Zurek kommen am Bahnhof von Kleinen an, wo sie sich über die Geschehnisse vom Todesfall ihres Sohnes informieren und unter anderem mit einer Bahnangestellten über die Vorfälle in Kleinen sprechen. Wieder zuhause angekommen besprechen sie das weitere Vorgehen, um den Tod ihres Sohnes aufzuklären, und ihre Ängste vor der Presse. Außerdem bitten sie um einen Termin bei ihrem Anwalt Feuchtenberger.

Kapitel IV

Ab Kapitel IV. findet ein Rückblick auf den zuvor beschriebenen Sachverhalt bezüglich des Todes ihres Sohnes Oliver statt, bei dem besonders auf die Reaktionen der Eltern eingegangen wird. Friederike Zurek telefoniert mit ihrer Tochter Christin, die sich klar von den illegalen Machenschaften ihres Bruders distanziert. Weiterhin treffen die Zureks ihren Anwalt, mit dem sie über die Obduktion Olivers sprechen, und Freunde ihres Sohnes.

Kapitel V

Es wird geschildert, wie der Nachfolger Richards, Kobelius, sein Amt angetreten hat. Der Leser bekommt erste Informationen über ihr Verhältnis und erfährt von der Bitte Kobelius, dass Richard in der Aula über den Tod Olivers sprechen möge. Die Zureks werden weiterhin von einer Freundin Olivers besucht, Karin Gloedel, die ihnen die ihr vorliegenden Hinterlassenschaften ihres toten Sohnes bringt.

Kapitel VI

Christin und ihr Sohn Konstantin besuchen dessen Großeltern, Richard und Friederike Zurek. Richard unterhält sich mit seinem Enkel über dessen verstorbenen Onkel. Außerdem lässt er erste Schuldgefühle am Tod seines Sohnes verlauten.

Kapitel VII

Als überraschenderweise die Meldung, dass Oliver ein Mörder sei, ins Haus der Zureks flattert, benachrichtigt Richard seinen Anwalt und fragt, ob man den Staat verklagen solle. Später telefoniert Friederike mit ihrer Tochter Christin und sie unterhalten sich über Oliver und dessen Entscheidung zwischen Tod und Gefängnis. Des Weiteren erhält Richard die Absage der Protestveranstaltung zur Ermordung Olivers in der Aula seiner ehemaligen Schule.

Kapitel VIII

Richard Zurek besucht seinen Anwalt in Wiesbaden und kauft erneut Zeitungsartikel über den Tod seines Sohnes, welche er vor seiner Frau versteckt. Gegen Ende des Kapitels werden die Zureks über die Freigabe ihres Sohnes unterrichtet und planen dessen anschließende Beerdigung.

Kapitel IX

Am Vorabend der Beerdigung von Oliver besuchen Christin, ihr Ehemann Matthias und deren Sohn Konstantin das Ehepaar Zurek. Hein schildert daraufhin den Ablauf der Beerdigung und weist auf den dadurch bedingten kurzzeitigen Pressetrubel hin, der kurze Zeit später wieder erlischt.

Kapitel X

Das Ermittlungsverfahren zur Aufklärung des Todesfalls von Oliver Zurek wird sieben Monate nach der Schießerei wegen mangelnder Beweise und unglaubwürdiger Zeugen eingestellt. Als das Ehepaar Zurek jedoch den Abschlussbericht liest, kommen ihnen die Argumentationen eher rätselhaft vor.

Kapitel XI

Familienvater Richard Zurek begreift daraufhin den Kampf um Olivers Ehre gegen den eigenen Staat, dessen Ideale er jahrzehntelang selbst lehrte, als verloren, und beginnt in Büchern seines Sohnes zu stöbern, um dessen Wandel zur Illegalität zu begreifen. Des Weiteren schreibt er zwei Briefe. Den einen an den ehemaligen Innenminister und den anderen an den ehemaligen Generalbundesanwalt. In seinen Briefen bittet er um die Wahrheit und Aufklärung im Todesfall seines Sohnes.

Kapitel XII

Das XII. Kapitel erzählt, wie der Staat das Ehepaar Zurek verfolgt. Es schildert deren Urlaub in Mooskopf und den Plakaten ihres Sohnes, die sich überall befanden.

Kapitel XIII

Richard und Friederike schwelgen in Erinnerungen. Sie unterhalten sich über ihr gegenseitiges Kennenlernen und ihre Berufe.

Kapitel XIV

Der Antrag auf die Besuchserlaubnis von Katharina Blumenschläger, der Freundin Olivers, wird abgelehnt. Frau Blumenschläger schreibt einen Brief an die Familie Zurek, in dem sie sich für deren Bemühen bedankt. Daraufhin telefoniert Richard erneut mit seinem Anwalt und spricht darüber, Beschwerde einzulegen, welche anschließend abgeschickt wird.

Kapitel XV

Herr und Frau Zurek besuchen ihre Tochter Christin und deren Familie und führen eine angeregte Unterhaltung über den Wandel Olivers.

Kapitel XVI

Lutz Immenfeld, ein Schul- und Kriegskamerad von Richard, besucht das Ehepaar und schlägt ihm vor, gewaltsam gegen den Staat vorzugehen, wenn es rechtlich keine andere Möglichkeit mehr gäbe, Recht zu sprechen. Später erhält Friederike Zurek einen Brief von der inhaftierten Katharina Blumenschläger, in dem sie über das Leben in Gefangenschaft und das zuvor spricht.

Kapitel XVII

Richard Zurek trifft zufällig seine ehemalige Geliebte, Susanne Parlitzke, mit der er über deren gemeinsame Beziehung redet. Als er nach Hause zurückkehrt, sieht er seine scheinbar eifersüchtige Frau verletzt im Wohnzimmer sitzen.

Kapitel XVIII

Auf dem Weg in den Supermarkt trifft Richard einen von ihm eingestellten Lehrer, Herrn Pfaff, mit dem er sich über Oliver unterhält, wobei sich Pfaff aus Richards Sicht im Laufe des Gesprächs als Idiot bzw. Flegel herausstellt. Als Richard Geburtstag hat, bekommt er unter anderem Anrufe und einen Besuch seiner Tochter Christin sowie deren Sohn Konstantin. Bei diesem Besuch unterhalten sich Mutter und Tochter über den Grund für Olivers Abdriften und endgültiges Untertauchen.

Kapitel XIX

Herr und Frau Zurek wohnen einer Verhandlung gegen Katharina Blumenschläger bei. Jedoch wird ihre Beschwerde bezüglich der Untersuchung des Todesfalles ihres Sohnes abgelehnt, was scheinbar am Gesundheitszustand von Friederike zu nagen scheint, woraufhin ihr Arzt rät, sich einen Urlaub zu gönnen.

Kapitel XX

Daraufhin macht das in die Jahre gekommene Ehepaar einen Urlaub auf Amrum, wo sie nicht erkannt werden, was auf ein Verjähren von Olivers Tod hindeutet. Wieder zuhause angekommen, unterhält sich Richard mit seinem Sohn Heiner über Oliver und dessen Entscheidung, ein Leben im Untergrund führen zu wollen. Der Leser wird über das Urteil von Katharina Blumenschläger informiert – lebenslänglich. Lutz Immenfeld kontaktiert Richard erneut, um ihn über eine Möglichkeit auf erneute Anklage des Staates zu unterrichten. Richard hält daraufhin Rücksprache mit seinem Anwalt, der ihm aber von der Klage wegen der Begräbniskosten auf Grund mangelnder Zuversicht abrät.

Kapitel XXI

Genau ab hier wird wieder an den Erzählbeginn angeknüpft. Die Zureks besuchen den Bahnhof von Kleinen und Richard und Fredericke entscheiden sich, der Klage bezüglich der Begräbniskosten zuzustimmen und Anwalt Feuchtenberger in dieser Angelegenheit weiterhin vollstes Vertrauen zu schenken. Nach vergeblichem Warten auf eine Antwort auf die Briefe an die beiden Staatsdiener beschließt Richard, im Büro des Ministers anzurufen, wo er jedoch als Querulant abgestempelt und aus der Leitung geworfen wird.

Kapitel XXII

Die Klage über die Begräbniskosten von Oliver Zurek wird zwar nach der Verhandlung abgelehnt, jedoch ist es ein moralischer Sieg für Feuchtenberger und dessen Klienten. Da nach der Verhandlung alle Ermittlungen fallengelassen werden, steht Oliver nun als unschuldig da. Was seinem Vater jedoch erst jetzt auffällt ist, dass Oliver wirklich tot ist. Auf Grund dessen bittet er erneut um eine Rede in der Aula seines ehemaligen Gymnasiums, welche Kobelius und das Kollegium unter Ausschluss der Presse bewilligen.

Kapitel XXIII

Richard spricht in der Aula über die Kindheit, Jugend und das Entgleiten Olivers von ihm und seiner Frau. Nach Beendigung seiner Rede entbindet er sich selbst von seinem Eid, da er nicht weiter Diener des Staates sein möchte, der selbst nicht rechtmäßig richtet. Als Zurek das Schulgebäude verlässt, fühlt er sich frei und scheint mit seiner Frau das restliche Leben genießen zu wollen.

4. Charakterisierungen der Figuren

Richard

Richard Zurek ist der Protagonist in dem Roman „In seiner frühen Kindheit ein Garten", der die Umstände des Todes seines Sohnes aufzudecken versucht und sich und seine eigenen Wertvorstellungen des Staates dabei verändert.

Richard ist ein 72 Jahre alter pensionierter Schuldirektor, der Ende Januar Geburtstag hat und seit 43 Jahren mit Friederike verheiratet ist, die er auf einem Studentenfasching drei Jahre nach dem Krieg, als er 26 Jahre alt war, kennenlernte. Die damals 22-jährige Rike behauptet, dass er zu dem Zeitpunkt bedeutungsvoll, ehrwürdig und verklemmt wirkte und klar und deutlich sprach, weshalb er nach ihrer Auffassung nur ein Lehrer oder Offizier hätte sein können. Auch später sagt sie, dass er für den Beruf des Lehrers geboren sei und immer mehr getan habe, als es seine Pflicht gewesen sei. (Bsp. Hilfe für Flüchtlinge, Einschaltung des Jugendamtes). Nach der Heirat wohnten sie zusammen mit ihren drei Kindern Christin, Heiner und Oliver(†) in einem kleinen Reihenhaus mit Garten und später in einem Einfamilienhaus. (S. 266f)

Nachdem er drei Jahre im Krieg und vier Jahre in Gefangenschaft war, verließ er seine alte Heimatstadt Kassel, um in Frankfurt unter anderem Latein zu studieren. Anfang der siebziger Jahre wurde Richard als Direktor in eine kleine Stadt 20 km entfernt von Wiesbaden berufen, um das schlechte Schulansehen zu verbessern. Nach nur drei Jahren hat er das Gymnasium wieder zu einer „angesehenen und begehrten Bildungseinrichtung" gemacht und ist selber zu einer Respektperson geworden. Das sieht man auch daran, dass viele ehemalige Schüler ihm immer noch in der Stadt zunicken. Nach 37 Jahren, in denen er als Lehrer gearbeitet hatte, wurde er pensioniert, obwohl er gerne noch mindestens zwei, drei Jahre länger gearbeitet hätte, da er sehr an seinem Gymnasium hing. Sein Nachfolger Kobelius war ihm nicht sympathisch und er ging sogar schon während der Einarbeitungszeit des neuen Direktors, da er nicht erleben wollte, wie sich Kollegen bei seiner Verabschiedung einschmeichelten. Zu dem Zeitpunkt Olivers Todes ist er seit 3 Jahren in Pension. (S. 23) Während seiner Amtszeit sei er besonders darauf bedacht gewesen, bei seinen Schülern das logische Denken, rhetorische Vermögen und das staatsbürgerliche Verständnis zu schulen. (S. 49) Jedoch ist er sich im Verlauf des Romans nicht mehr sicher, ob er den letzten Punkt nicht falsch interpretiert habe.

Über seinen Charakter lässt sich sagen, dass Richard ein sehr ordentlicher Mensch ist. Beispielsweise sortiert er immer fein säuberlich die Briefwechsel und Zeitungsartikel in grauen Ordnern und nochmals gesondert drei Ordner mit Boulevardpresseartikeln für den Fall, dass er sie beim Durchblättern nicht überraschend sieht. Außerdem versucht er manche Zeitungsartikel vor seiner Frau zu verbergen, um sie zu schonen, weil er fürchtet, dass sie einen Asthmaanfall bekommt. (S. 116) Ein weiteres Beispiel für das Selbstbild des Lehrers ist, dass er die Fragen an den Anwalt fein säuberlich in ein Schulheft schreibt. (S. 127)

Hinzu kommt, dass er sehr höflich und zuvorkommend ist. (Bsp.: er trägt Frau mit Kind Koffer in den Zug) Diese Beispiele zeigen seine gute Erziehung, die auch Susanne erwähnt, als er ihr einen Handkuss gibt („perfekter Gentleman", S.207).

Diese trifft er nach 20 Jahren wieder. Mit ihr hatte er 19 Monate lang ein Verhältnis, obwohl er nach seiner Aussage immer treu gewesen sei. Dieses Verhältnis habe ihn sehr durcheinander gebracht, da er für beide Frauen Gefühle hatte. Trotzdem wollte er seine Frau Friederike nicht verlassen. Nach ihrem Treffen küsst er sie in der Öffentlichkeit auf den Mund, weil ihm im Verlauf des Romans egal wird, was Leute über ihn denken.

Bevor Oliver als Terrorist untertauchte, spürte Richard, dass sich sein Sohn unendlich weit von ihm entfernte. Da er aber nichts dagegen machen konnte, machte sich die Verzweiflung in ihm breit. (S. 50) Nach dem Verschwinden des Sohnes halfen er und seine Frau der Polizei, indem sie ihnen alles gaben, damit ihnen Sorge bzw. Tod des Sohnes erspart bleiben. Insgeheim hoffte Richard, dass sein Sohn nach einer mehrjährigen Gefängnisstrafe als ein gereifter Mann sein Leben besser in den Griff bekomme. (S. 41) Darüber hinaus wünschten sie sich nach dem Kontaktabbruch immer, dass sich Oliver noch einmal melden würde und suchten nach geheimen Hinweisen. Obwohl nie welche gefunden wurden, waren die Eltern im Visier des Staatsschutzes (S. 221), trotz ihrer Ablehnung gegenüber der Einstellung ihres Sohnes, "einen bewaffneten Kampf gegen den Staat und seine Repräsentanten aufzunehmen". (S. 146) Ein weiteres Beispiel dafür ist auch der Urlaub im Schwarzwald, bei dem sie ständig die Plakate mit Oliver als Terroristen sehen. Nach dem mysteriösen Tod Olivers verarbeiten sie die Trauer um ihren Sohn, indem sie sich an der Hand fassen und somit „vereint in ihrem Kummer zusammen weinen." (S. 57) Außerdem können sie es leichter hinnehmen, dass ihr Sohn sich nicht selbst umgebracht hat und sie empfinden sogar einen kostbaren Glücksmoment, als sie hören, dass ihr Sohn kein Mörder sei. An dieser Hoffnung halten sie bis zum Ende des Buches fest, obwohl ihre Tochter Christin besonders Richard bittet, sich die ganze Angelegenheit noch mal objektiv anzuschauen. „Du willst einfach nicht akzeptieren, dass dein Sohn kriminell geworden ist. Dir wäre es lieber, er wäre ein reines, ein völlig unschuldiges Opfer irgendwelcher Verschwörungen." (S. 222) Trotz der Bitten seiner Frau hält er jedoch an seiner Meinung fest und streitet sich weiterhin mit Christin. Daraus wird deutlich, dass er lieber noch ein Kind hergibt, als den Prozess für Olivers Gerechtigkeit zu beenden. Doch dabei geht es ihm nicht um eine gesellschaftspolitische Veränderung, sondern er versucht sich nur von seinem Sohn zu verabschieden, indem er in seiner Sichtweise bestätigt wird. Das erkennt man auch an Folgendem: Kurz nach dem Tod ist er nicht in der Lage, öffentlich über seinen Sohn zu sprechen (z.B.: mit Journalisten, vor Schülerschaft), da er am liebsten die ganze Öffentlichkeit von der Trauer um den verlorenen Sohn ausschließen würde, weil die Gesellschaft nicht einfach nur den Sohn als Menschen, sondern einen Terroristen sehe. „Wir beerdigen keinen Terroristen und an dem Tag geht es nicht um politische Ansichten. An diesem Tag werden wir unseren Sohn beerdigen. Mehr nicht." (S. 90) Deshalb will er auch nicht, dass die Anwaltskosten von dem Unterstützungskomitee übernommen werden und keinen prominenten Anwalt, um nicht unnötig Aufsehen zu erregen.

Auch wenn das alte Ehepaar nie zur Ruhe kommt, will es den Mörder nicht laufen lassen und Oliver nicht die letzte Ruhe verwehren, obwohl es für Richard ein nicht endender Alptraum sei, wie er dem Pfarrer sagt. „Oliver hat ein Recht darauf, mit Anstand und Würde beerdigt zu werden" (S. 36) „Er ist nur ein armer toter Junge." (S. 67) Trotzdem weiß Zurek, dass er die Klage nie hätte gewinnen können. Dies begründet er mit dem Gewaltmonopol des Staates, der unumschränkte Macht besäße. Damit würde der Staat selber zum Terroristen. (S. 225) „Das höhere Interesse eines Staates schreckt auch in einer Demokratie nicht davor zurück, den Einzelnen für seine Zwecke zu opfern." (S. 185) Aus diesem Grund sei er sich nicht mehr im Klaren darüber, ob es richtig gewesen sei, als Lehrer immer hinter dem Staat zu stehen und ihn zu verteidigen. (S. 224) Als Lutz Immenfeld ihm vorschlägt, den Staat mit Gewalt zu zwingen, Recht zu sprechen, meint Richard, dass Lutz noch nicht erwachsen sei, weil er nicht verstehe, dass Richard als Lehrer einen Eid geschworen habe (Gesetze einhalten, Pflichten erfüllen).

Als der Minister, dem Richard Briefe schreibt, um „mit dem Sohn und sich selbst ins Reine zu kommen," (S. 138), ihm jedoch nicht auf seinen Brief antwortet, glaubt Zurek, der Minister wäre der Verpflichtung des Eides nicht nachgekommen und hätte ihn somit von ihm aus gebrochen. Daraufhin lacht Zurek (S. 253) und widerruft öffentlich (vor Schülern und Lehrern) seinen eigenen Eid, weil er sich nun auch nicht mehr verpflichtet sieht, ihn zu befolgen.

Sein täglicher Tagesablauf ist nach dem Tod bis auf den Rückzug ins Private unverändert (z.B. jeden Abend schiebt er den Zeiger des Regulators vor, wöchentlich mäht er das Gras hinter dem Haus, genauere Beschreibung S. 135) Dieser zunehmende Rückzug ins Private wird auch dadurch gezeigt, dass Richard und Rike selten ihr Haus verlassen, weil sie immer noch das Gefühl haben, angestarrt zu werden. (S. 235) Einzig an dem Treffen des Kirchenrates nimmt Richard noch teil. Dieser Tagesablauf verhilft sowohl ihm als auch seiner Frau, den Tod Olivers und alle daraus entstandenen Folgen besser zu verkraften. Jedoch setzt sich Richard häufiger in Olivers Zimmer, um seine Bücher zu lesen und somit das Handeln seines Sohnes zu verstehen. Nach seiner Auffassung handelt es sich bei den Themen seiner Hobbys um Lyrik bzw. Träume von

Liebe. Außerdem fühlt er sich in seinem Zimmer näher mit Oliver verbunden als beim Grab. Dieses will er nur als Erinnerungsstück in Ordnung halten und entfernt deshalb alle politischen Zeichen.

Die Presse mit all ihren Beleidigungen und Schuldzuweisungen setzt Richard psychisch und physisch zu. Deshalb geht er öfter zum Arzt als vor Olivers Tod. „Das Atmen war ihm so schwer, dass Doktor Sebald ihn mit Verdacht auf Asthma zur Lungendiagnostik überwies." (S. 37) Außerdem reibt er sich linke Brustseite (S. 54), was auf Herzschmerzen schließen lässt, was er jedoch abstreitet.

Des Weiteren ist er oft nervös und mit den Gedanken woanders (Bsp. Essen). Das zeigt auch, dass die Nerven blank liegen, da er jeden Tag zusätzlich zu der Trauer in der Zeitung seinen Namen liest und das einfach nicht verkraften kann. (S. 112) Außerdem fragt sich Zurek immer wieder, wo er versagt und was er wann falsch gemacht habe. „Vielleicht war ich zu streng, vielleicht nicht streng genug." (S. 81; S. 82 Auflistung Schuldfragen). Außerdem fühlt er sich merkwürdig schuldig, da er seinen Sohn „überlebt" hat. „Das ist das Schlimmste, was ein Kind einem antun kann. Vor einem zu sterben. Es ist gegen die Natur." (S. 65) Dadurch wird ihm das eigene Ende auch immer deutlicher. (S. 145) Dies setzt ihm besonders zu, doch er zeigt seine Trauer nicht immer offen. Manchmal liegt er nachts mit offenen Augen im Bett und weint lautlos (S. 100) Auch fünf Jahre nach dem Tod ist er noch emotional („er weinte minutenlang" S. 17) und wischt sich hastig die Tränen weg, weil er nicht will, dass seine Frau ihn so sieht. Das könnte daran liegen, dass er seiner Frau Kraft und Halt geben will und sie nicht sehen soll, dass er selber nicht stark genug ist.

Während der erzählten Handlung verändert sich die Wertvorstellung Richards. Er selber sagt dazu, dass er kein Gentleman mehr sei und sich von der eigenen Erziehung befreie. (S. 207, 208) Dieser psychologische Wandel wird besonders beim Benutzen der Kraftausdrücke deutlich. Früher soll er nie ein beleidigendes oder grobes Schimpfwort benutzt haben und seine Familie und seine Schüler daraufhin hingewiesen haben, wenn sie einen solchen Ausdruck benutzten. (z.B.: Er verbietet Schmückle das Wort, als er Polizisten als Schweine und Bullen bezeichnet. (S. 51)) Außerdem sagt er: „Ich habe immer öfter das Gefühl, dass ich Idioten ausgebildet habe!" (S. 156) Als ein Abgeordneter einen schlechten Witz darüber macht, wieso die Gutachten so unterschiedlich ausfallen, ist er schockiert und sagt, dass er „jahrzehntelang in einem Land lebte, von dem er nie etwas begriffen habe."(S. 114) Erbost über den „Volksvertreter" nennt er sich daraufhin das erste Mal einen „Idioten" und den Abgeordneten ein „Arschgesicht" (S. 114), weil er früher seinen Schülern beigebracht hatte, dass ein Beamter ein Staatsangestellter mit einer besonderen Treuepflicht sei. „Der einzige Idiot in der Klasse war ich."(S. 172) Jetzt ärgert er sich über den Übermut der Ämter. (S. 172) Ein weiteres Beispiel ist, als er den Abschlussbericht liest und sagt: „Dieser Bericht ist nichts als ein Haufen Scheiße" (S.

133) Als er dies sagt, nimmt er eine typische Lehrerpose an und durch ihr hysterisches Lachen signalisiert ihm seine Frau, dass er sich verändert.

Eine weitere Situation, in der der Wandel auffällt, ist, als er den ehemaligen Kollegen Pfaff, den er früher sehr schätzte, trifft und ihn beleidigt, nachdem er sagt, dass Richard in ein Dilemma gekommen wäre, da er zwischen seinem Sohn und dem Eid gestanden hätte. Richard stößt sogar beabsichtigt den Einkaufswagen gegen ihn. Auch seine frühere Ordnung verändert sich, da er es am Ende nicht einmal mehr für nötig hält, seine Rede in der Schule aufzuschreiben. Alles zusammen zeigt, dass, je weniger Wert er auf Benehmen legt, desto radikaler er in der Staatsablehnung wird.

Nach dem letzten Urteil ist er enttäuscht, weil er sich nicht besser fühlt. „Ich hatte nur gehofft" „Dass er wieder lebendig wird, nicht wahr?" (S. 262) Somit hat Richard erst wirklich verstanden, dass Oliver tot ist. Nachdem er im Prozess Gerechtigkeit für seinen Sohn erhalten hat und sich selbst durch die Eidrücknahme vom Staat losgesagt hat, fühlt er sich erstmals wieder frei und unternehmungslustig, obwohl es der Geburtstag Olivers ist, und bringt seiner Frau Blumen wie früher zu den Geburtstagen der Kinder Blumen mit. „Heute habe ich keinen Tag verloren." (S. 271) Damit meint er, dass nur das gemacht hat, was er selbst für richtig hält und sich nicht von jemandem hat leiten lassen.

Zusammenfassend lässt sich sagen, dass Richard die Schlüsselfigur in dem Roman ist, der sich, trotz seiner ehemaligen starken Verbundenheit zum Staat, radikal gegen diesen wendet und nicht einsehen will, dass sein Sohn vielleicht doch schuldig ist, da er an ihn als guten Menschen mit richtiger Erziehung in Erinnerung hat. Damit leugnet er aber auch die gesellschaftliche Bedeutung von Olivers Tod.

Meiner Meinung nach passt das abschließende Zitat, welches Feuchtenberger über den Vorsitzenden Richter sagt, auch zu Richard Zurek und charakterisiert ihn: „Man hüte sich vor den alten Männern, alte Männer sind immer gefährlich. Sie haben ihr Leben gelebt, sie haben nichts mehr zu verlieren und nichts mehr zu befürchten. Und sie schrecken nicht einmal davor zurück, die Wahrheit zu sagen." (S. 258)

Friederike

Friederike Zurek ist die Frau Richards, die an dem Tag, an dem ihr Sohn Oliver ermordet wurde, 68 Jahre alt ist und Rente erhält.

Über ihren Charakter lässt sich sagen, dass Friederike eine sehr familienbewusste Frau ist. Sie wünscht sich ein Enkelkind von Heiner und freut sich über Besuche ihres Enkels Konstantin, auch wenn sie oft enttäuscht wird, da er nur kurz bleibt. Hinzu kommt, dass sie immer versucht, die Liebesverhältnisse ihrer humanistisch erzogenen Kinder zu erkunden (Oliver - Karin Gloedel, Heiner - Siegrid Erckmann). Aus diesem Grund meint Heiner, dass sie in der Familie für Andeutungen berühmt sei. (S. 218) Außerdem will Rike keinen Streit zwischen Richard und Christin, weil sie Angst hat, sie zu verlieren. Ihr tue es zwar weh, wie sie über ihren Bruder rede, schlucke es aber lieber herunter. (S. 91) Oft schwelgt sie in Erinnerungen an die Zeit, als ihre Kinder noch klein und zu Hause waren. Ein weiteres Beispiel ist, dass sie an Katharina Blumenschläger als Schwiegertochter denkt und ihr Kosmetika, Wäsche, Geduldsspiele und Süßigkeiten schickt. Darüber hinaus beantwortet sie ihre Briefe immer schon am gleichen Tag.

Friederike ist überdies noch nett und zuvorkommend (Beispielsweise lädt sie Leute zum Abendbrot ein (S. 73) und empfängt kurz nach Olivers Tod angebliche Freunde ohne Misstrauen, welches erst später wächst.). Weitere Charaktereigenschaften sind, dass sie oftmals versucht, Menschen und Dinge zu entschuldigen (Bsp. Abgeordneter) und jede Entscheidung immer gerne erst mit ihren Kindern und ihrem Mann abspricht. Sie hat einen Ordnungssinn und ist sehr säuberlich (z.B.: Sie reibt mit einem Taschentuch über eine weiße Plastikbank vorm Hinsetzen oder säubert alle 2 Wochen Olivers Zimmer und erinnert sich anschließend an gemeinsame Zeit.) Zu all diesen Charaktereigenschaften passt ihr ehemaliger Beruf als Hebamme, der für sie der großartigste auf der Welt sei. In ihrer Jugend war sie Landesmeisterin im Brustschwimmen und hätte fast bei Olympia teilgenommen.

Nachdem sie vom Tod ihres Sohnes erfahren hat, geht ihr und ihrem Mann alles langsam von der Hand und sie fühlen sich ganz leer. (S. 43) Im Text erfährt man das erste Mal, dass sie weint, als sie hört, dass Oliver einen Menschen erschossen habe. Außerdem zeigt sie ihre Trauer und Verzweiflung nicht gerne und unterdrückt den Kummer. Z.B. reagiert sie erst nicht auf den Zeitungartikel mit „Mutter des Mörders" und schluchzt, weint und phantasiert dann aber im Schlaf. (S. 39) Auch bei der Beerdigung weint sie nur wenig und wirkt anschließend fast heiter, um die Trauer zu überspielen. (S. 122)
Obwohl sie oft von dem Bahnhof in Kleinen träumt, traut sie sich erst nach fünf Jahren dorthin zu fahren, aus Angst, erkannt zu werden. Außerdem traut sie sich nicht mehr richtig, aus dem Haus zu gehen. „Die Presse wird wieder über uns herfallen, und wenn wir aus dem Haus gehen, werden sich die Leute nach uns umdrehen." (S. 36) Noch vor Olivers Tod will sie nach dem Urlaub im Schwarzwald keinen mehr machen, weil sie sich dort nicht erholt hatte, da überall Fahndungsfotos von Oliver hingen. So ist es nach seinem Tod noch schwerer für sie, weil sie sich immer beobachtet fühlt. Jedoch ist wie bei ihrem Mann ihr täglicher Tagesablauf nach dem Tod bis auf das Im-Haus-bleiben beinahe unverändert. Sie geht jede Woche einmal zum Grab, putzt morgens ein Zimmer und kocht anschließend Mittagessen. Dann liest sie etwas und schläft daraufhin. Abschließend verbringt sie den Tag im Garten. Dies hilft ihr, die Trauer um ihren Sohn besser zu verarbeiten. Trotzdem setzt ihr der Druck der Medien ziemlich zu,

sodass sie aufgrund ihrer gesundheitlichen Probleme sogar ins Krankenhaus muss. Außerdem behauptet Richard, dass sie in den letzten Jahren sehr gealtert sei, da sie alles schlimmer treffe. (S. 241) Anfangs sucht sie die Nähe und Zuneigung von Richard (z.b.: greift nach seiner Hand (S.36)), weil sie sich vor dem weiteren Prozess fürchtet. (z.b.: Sie ist immer besorgt über das Verfahren, Briefe erst Anwalt zeigen etc.) Später jedoch sorgt sie sich mehr um ihren Mann als um sich, da sie Angst hat, dass Richard einen Infarkt bekommen könnte.

Diesen liebt sie sehr und ist eifersüchtig auf Susanne Parlitzke, mit der Richard ein Verhältnis hatte. Damals litt sie sehr unter der Affäre Richards und kann Susanne deshalb nicht ausstehen. Als sich Richard mit Susanne trifft, stürzt Rike beim Gardinenabnehmen von einer Leiter und Richard vermutet, dass es absichtlich war. „Du willst mich bestrafen wie ein kleines Kind" (S. 210) Möglicherweise möchte sie damit einfach nochmal auf sich aufmerksam machen, da sie ein zweites Verhältnis Richards in der schweren Zeit der Trauer nicht durchstehen könnte. Die Liebe wird auch nochmal deutlich, als Immenfeld meint, dass alles, was Frauen wollten, Kinder seien und sie erwidert: „Einer ist gegangen, und der andere ging bald hinterher. Das gefällt mir. Das möchte ich auch. So wie ich mit Richard spazieren gehe, so möchte ich auch dorthin mit ihm gehen."(S. 189) Im Verlauf des Romans verändert sich ihr staatstreuer Mann zunehmend, indem er seine früheren Werte und Normen in Frage stellt. Da sie sich selber aber nicht verändert und nun eine neue Seite an Richard feststellt, obwohl sie dachte, dass sie alles an ihm kenne, weiß sie nicht anders als mit diesem hysterischen Kichern zu reagieren. (S. 133)

Insgesamt lässt sich sagen, dass Friederike zwar eine oft auftretende Figur in dem Roman ist, aber dass sie die Handlung und Aufklärungsarbeit ihres Mannes nicht wirklich beeinflussen kann. Er fragt sie zwar immer nach ihrer Meinung, aber für ihn steht eigentlich die Entscheidung immer schon fest. Außerdem würde Rike ihrem Mann nie widersprechen. Trotzdem hat sie eine wichtige Bedeutung im Roman: Sie trägt noch stärker als Richard zum Bild ihres Sohnes als Unschuldigen bei, indem sie sich immer wieder an die schöne Kindheit erinnert und ihn als netten Jungen beschreibt. Dies verdeutlicht noch stärker die Abgrenzung des Privaten von der Gesellschaft und somit auch des Terrorismus ihres Sohnes.

Oliver

Obwohl es in dem Buch grundsätzlich um die merkwürdigen Umstände Olivers Todes geht, erhält man über ihn nur Informationen aus „zweiter Hand", da er im ganzen Roman nicht selbst handelt und somit nur der Bezugspunkt für die anderen Figuren ist. Hinzu kommt, dass dieser oft aus der Sicht der Eltern beschrieben wird, die davon überzeugt sind, dass ihr Sohn unschuldig sei. Trotzdem ist er ein wichtiger Charakter, den man braucht, um das Handeln und Denken der RAF sowie die mögliche Vertuschung seines Terroristentodes vom Staat in dem Roman zu verstehen. Oliver ist das mittlere Kind der Zureks, das am 23. Oktober Geburtstag hat.

Nach seinem Abitur beginnt er ein Studium als Veterinärmediziner, das er nach zwei Jahren abbricht. Anschließend jobbt er als Taxifahrer und baut denkmalgeschützte Häuser um.

Jedoch gerät er in andere Kreise: Junge Männer mit radikalen Ansichten und rechthaberischem Auftreten besuchen ihn. (S. 45) Beispielsweise der „verspätete Revoluzzer" Gerd Schmückle (S. 25), der mit seiner rüden Sprache, mit der er über Vertreter und Repräsentanten des Staates redet, auffällt. Oliver will nicht, dass sein Bruder Heiner in dieselben Kreise gerät. Dieser muss ihm sogar schwören, dass er nicht mitmacht, da Oliver will, dass einer bei den Eltern bleibt. Daraus kann man schließen, dass er genau wusste, was ihm bevorsteht. Durch Heiner erfährt man außerdem, dass es bei den Treffen um politische und philosophische Themen ging wie bei einem Diskutierclub. (S. 236)

Kurze Zeit später wird Oliver wegen angeblichem Transport von Waffen verhaftet und muss für ein halbes Jahr in Untersuchungshaft im Hochsicherheitstrakt, isoliert von allen anderen Gefangenen. Im Gefängnis beginnt er Tagebuch über seine Lektüre und Gespräche mit Freunden zu führen. Außerdem malt er nur nach Erinnerungen Aquarelle von Landschaften (Bsp.: Landschaft in Algerien, er war dort ein Jahr) und auch von dem Garten in seiner frühen Kindheit. (S. 74) Als sich herausstellt, dass Oliver unschuldig ist, wird er mit einer dünnen Entschuldigung wieder entlassen. Trotzdem hat er sich in der Haft verändert und führt auch keine Gespräche mit den Eltern mehr. Nach Aussage seines Vaters habe ihn erst der Staatsschutz zu einem Terroristen gemacht. (S. 224) Ausschlaggebend für seine Veränderung könnte jedoch auch ein Polizeieinsatz, in den er mit Christin geraten sei, gewesen sein, da er seit diesem Erlebnis nur noch von Polizisten als Faschisten redet. (S. 225)

Anschließend lebt er in Frankfurt und taucht ein halbes Jahr später im Mai 1985 unter. Mit einem letzten Brief an die Eltern bricht er den Kontakt ab. (S.221). Bis zu seinem ungeklärten Tod auf dem Bahnhof in Kleinen wird er fünf Jahre als Terrorist gesucht, obwohl es nie Beweise gegeben hätte, dass er je beteiligt gewesen war. Seine Eltern missbilligen seine Entscheidung, „einen bewaffneten Kampf gegen den Staat und seine Repräsentanten aufzunehmen." (S. 146) Dieselbe Auffassung hat seine Schwester Christin.

In Olivers Kindheit waren beide unzertrennlich, doch nach seiner Veränderung haben sie kaum noch Gemeinsamkeiten. Als sie sich das letzte Mal trafen, hätte er nur von einem „revolutionären Kampf gegen das Schweinesystem", „Volkskrieg", „Ausbeutung" und „Imperialismus" erzählt. (S. 83) Außerdem wollte er danach keinen

Kontakt mehr zu seiner Schwester, da er Leute wie ihren Mann und sie bekämpfe. Dies wird ebenso deutlich daraus, dass er bei ihrem Treffen so tut, als hätte sie sich mit der Polizei verschworen. Christin erzählt außerdem, dass Oliver oft im Garten gespielt habe und dort Sachen vergraben habe. „Damals glaubte er tatsächlich, dass man alles vermehren kann, wenn man es im Garten eingräbt." (S. 89) Diese Entwicklung der Sachen kann man mit der eines Individuums im Staat gleichsetzen. Daraus kann man schließen, dass Oliver schon immer ein Freiheitsgefühl hatte und sich dieses nicht erst noch durch falsche Einflüsse entwickelt hat.

Oliver war mit Katharina Blumenschläger zusammen, mit der er, wenn sie ein bürgerliches Leben geführt hätten, verheiratet gewesen wäre und vielleicht auch Kinder hätte (so Blum). Aus den Briefen zwischen ihm und Katharina wird ebenso deutlich, dass er seine Zukunft in arabischen Ländern sah. Katharina erzählt Olivers Eltern, dass er ein hübscher Mann gewesen sei, an dem sie besonders seine Fantasie liebte. Außerdem hätten „seine Moral, seine Kraft und Disziplin ihr in den Jahren der Illegalität geholfen." (S. 166)

Nach der mit Oliver eng befreundeten Karin Gloedel sei Oliver ein Einzelgänger, dem man immer vertrauen könne. Außerdem sei er ein sehr ruhiger Mensch, der in sich gekehrt sei und nie darüber gesprochen habe, was er fühlte. Von ihr erfährt man noch, dass er viel diskutierte und es ihm schwerfiel nachzugeben.

Richard beschreibt seinen Sohn mit einem gesunden Selbstbewusstsein, der jedoch seine Talente mit dem Terrorismus weggeworfen habe.

Bei der Beerdigung auf dem Matthäus-Friedhof erfährt man durch den Pfarrer noch, dass der evangelische Oliver einen Sinn für Wahrheitsliebe gehabt habe, sowie ein ausgeprägtes Rechtsgefühl. Jedoch bräuchte er mehr Geduld und ihm fehlte die Gelassenheit und Abgeklärtheit.

Zusammenfassend kann man sagen, dass Oliver fast nur als Familienmitglied und Opfer des Staates dargestellt wird und nicht als ein Terrorist, der sich aus seiner eigenen Entscheidung gegen den Staat gewendet hat und diesen bekämpft. Die Eltern wollen glauben, dass ihr Sohn unschuldig ist und reden sich dies immer wieder ein, obwohl dadurch ihre Wahrnehmung eingeschränkt ist. Außerdem gehen sie von der Kindheit Olivers aus und können sich nicht vorstellen, dass sich Oliver so verändert haben könne. Aufgrund dieser einseitigen Sichtweise der Eltern weiß der Leser nicht, ob er dem dargestellten Bild Olivers Glauben schenken kann. In einigen wenigen Teilen wird Oliver noch von anderen Personen charakterisiert und somit ergibt sich ein „Flickenteppich" des Charakters, bei dem der Leser sich nie sicher sein kann, ob alles stimmt, ob es zusammenpasst oder ob es bloß Wunschdenken anderer Figuren ist.

Christin

Christin, eine Oberstudienrätin aus Hamburg, ist das älteste Kind der Zureks. Sie selbst hat einen fünfjährigen Sohn, Konstantin, mit ihrem Mann Matthias, einem sehr erfolgreichen Unternehmensberater. Richard beschreibt Matthias als aufgeblasen und egoistisch, da er nur seine Karriere im Sinn habe (S. 91). Aus diesem Grund kommt es den Zureks so vor, als lebten sie in unterschiedlichen Welten. Des Weiteren ist Christin eine moderne, emanzipierte Frau, der ihre Karriere sehr wichtig ist und die sich auch nicht richtig um ihren Haushalt kümmern muss, da sie eine Haushaltshilfe hat, die für fünf Stunden täglich kommt.

Nach Olivers Tod möchte sie, dass ihre Eltern so schnell wie möglich alle weiteren Verfahren einstellen und keine neuen Klagen erheben, da ihre Familie durch die Schlagzeilen erhebliche Probleme habe: Christin habe einen Konflikt, da sie noch im Schuldienst sei, und ihren Mann fördere es ebenfalls nicht in seinem Beruf. Aus diesem Grund macht sie ihren Eltern heftige Vorwürfe, als sie nicht über die neue Klage informiert wird. (S. 255) Dass sie überhaupt kein Verständnis für den Gerechtigkeitssinn ihres Vaters hat, zeigt sich an ihrer Äußerung, dass ihre Eltern ein paar „deutliche Worte" von ihrem Mann erhalten werden und sie dann grußlos auflegt. (S. 255)

In ihrer Kindheit war sie unzertrennlich mit dem zwei Jahre jüngeren Oliver. Jedoch entfremdeten sie sich immer mehr voneinander, bis sie keine Gemeinsamkeiten mehr hatten und sie nach ihrem letzten Treffen in Hannover, bei dem er nur „faselte"(S. 83), auch kein Bedürfnis mehr hatte, ihn wiederzusehen. Sie findet es komisch, dass sich Menschen so verändern können. „Vielleicht war unsere ganze Kindheit ein Irrtum." (S. 90) Christin sagt nach einem entsetzten Blick der Mutter zwar, es sei ein Scherz gewesen, aber man kann nicht sagen, ob dies wirklich stimmt oder ob es ihr nicht einfach rausgerutscht ist.

Christin behauptet, dass die Entfremdung an den falschen Freunden Olivers, seinen Bücher und Zeitungen liege und sucht dabei keine möglichen Fehler ihrerseits. Sie findet, dass ihre Eltern schuldlos seien, dass Oliver eine falsche „Laufbahn" eingeschlagen habe. Deshalb rät sie ihrem Vater, wegen seinen „unsinnigen Schuldgefühlen" zum Psychologen zu gehen (S. 81). Ein Grund dafür, warum die Eltern keine Schuld treffe, sei, dass sie selbst ja auch normal und nicht kriminell sei. Da den Eltern der Trubel um den Tod Olivers ziemlich zu schaffen macht, sorgt sich Christin um die Gesundheit ihrer Eltern und möchte, dass sie wegfahren und Urlaub machen, um sich mal zu entspannen.

Es ist nicht ganz sicher, ob Christin wirklich um ihren toten Bruder trauert, da sie kaum Mitgefühl zeigt (z.B. redet sie von Olivers „zerlegtem Körper" sofort nach seinem Tod (S. 46)) und sonst auch oft schlecht über ihn spricht. „Da hat er uns was Schönes eingebrockt." (S. 78) Sie sagt zwar, dass sie an ihn denke, aber sie vermisse nur ihren kleinen Bruder, der nach ihrer Auffassung von Oliver lange vor seinem Tod getötet worden sei. Das zeigt, dass sie schon lange mit ihm abgeschlossen hat. „(Mit Tod) habe er halt rechnen müssen, das eine ergebe sich aus dem anderen." (S. 46) Hinzu kommt, dass sie glaubt, dass er nicht schuldlos gestorben sei. „Oliver war nicht vollkommen unschuldig in seiner Zeit im Untergrund."

Deutlich wird dies ebenfalls durch Folgendes: Angeblich hatte sie fünf Jahre lang Angst um Oliver und sah ihn in ihren Träumen tot, erschossen oder im Gefängnis. Zu der Zeit habe sie viel geweint und sogar gebetet, obwohl sie nicht allzu gläubig sei. Seit seinem Tod könne sie wieder ohne Alpträume schlafen, da eine „lähmende, fürchterliche Angst weg sei." (S. 102)

Außerdem kommt sie nach dem Tod nicht zu den Eltern, weil sie wegen der Schule keine Zeit für Privatangelegenheiten hat und bleibt auch sonst nur für kurze Besuche. „Theaterclub ist ihr wichtiger als wir und Oliver." (S. 85) Jedoch steht sie zwischen Oliver als ihrem Bruder und Oliver als Terroristen und ist deshalb in einem Konflikt mit sich selbst. Jedoch entscheidet sie sich für den Staatseid und somit gegen ihren Bruder, da sie ein idealistisches Bild vom Staat hat und staatstreu bzw. etwas zu ignorant ist, um den Bitten ihres Vaters nachzukommen. Es falle ihr nicht leicht, zur Beerdigung zu kommen, da man „nicht allein ihren toten Bruder [...] sondern auch einen Terroristen und Polizistenmörder" beerdige (S. 46). Außerdem ist für sie der Abschlussbericht „glasklar" und sie hält ihn auch „für korrekt und glaubhaft." (S. 222). Aus diesem Grund vertraut sie den polizeilichen Untersuchungen voll und ganz.

Abschließend kann man sagen, dass Christin als typisierte Figur für einen Teil der Gesellschaft in einem besonderen Kontrast zu ihrem Vater steht. Im Gegensatz zu ihrem Vater beharrt sie in ihrem festen Glauben an Recht und Gerechtigkeit des Staates und der Staatsgewalt. Bereitwillig und mit voller Überzeugung ordnet sie sich in ihrem Selbstverständnis als Staatsdienerin dem Staatswillen unter und lässt kritisches Hinterfragen dieser Instanz gar nicht erst zu. Ihrer Meinung nach könne sich ihr Vater nicht hinter seinen Sohn stellen, weil er sonst seine gesamte Wertvorstellung verleugne (S. 79). Außerdem sei er nicht wie üblich objektiv und einsichtig. „Du willst einfach nicht akzeptieren, dass dein Sohn kriminell geworden ist. Dir wäre es lieber, er wäre ein reines, ein völlig unschuldiges Opfer irgendwelcher Verschwörungen." (S. 222). Da Richard nur auf seine Sichtweise besteht (Christin verurteile Oliver und dazu „habe sie kein Recht", S. 84), entfremden sich beide immer weiter voneinander. Dies liegt aber auch daran, dass Christin als Staatsdienerin dem Staat mehr vertrauen schenken muss als ihrem alten Vater, da sie sonst selber ihre eigenen Wertvorstellungen verleugnen würde.

Heiner

Heiner ist eine Nebenfigur in Christoph Heins Roman „In seiner frühen Kindheit ein Garten". Er ist der jüngere Bruder von Oliver, lebt in Nürnberg (S. 48) und ist Mitbegründer einer kleinen Computerfirma in seiner Stadt. Er hat viel zu tun und wenig Freizeit. Da diese Firma eher klein ist, kann man ihn in die mittlere Gesellschaftsschicht einordnen. Heiner ist weder verheiratet, noch hat er eine Freundin oder Kinder.

Nach dem Tod seines Bruders übernimmt Heiner die Rolle des Trösters seiner Eltern. Er besucht sie oft und verbringt viel Zeit mit seinen Eltern, um ihnen beizustehen und ihnen bei der Aufklärung der tragischen Falls behilflich zu sein. Dabei gibt es auch Überraschungsbesuche (S. 47).

Diese Rolle übernimmt er aus einem ganz bestimmten Grund. Eigentlich wollte er wie sein älterer Bruder Oliver werden, aber dieser hat ihm dies von Anfang an aus dem Kopf geschlagen und ihm gesagt, dass er derjenige sei, der sich nach seinem Weggang um die Familie kümmern müsse und ihm auf keinen Fall nacheifern solle. Heiner hat sogar geschworen, dem Rat seines Bruders zu folgen (S. 48) und hat es auch nach dessen Tod eingehalten, was für seinen guten Charakter spricht.

Er bildet einen Gegensatz zu Christin, indem er sich mehr um die Familie kümmert und sich Zeit nimmt, obwohl er selbst viel zu tun hat. Anders als Christin stimmt er seinem Vater zu und eifert diesem nach, was man z.B. daran sieht, dass er nach der Erziehung seiner Eltern lebt (S. 48: Versprechen einhalten).

Abschließend kann man sagen, dass Heiner den Gegenpart zu Christin bildet, die anders als er weniger Interesse für die Umstände des Todes Olivers zeigt und sich kaum um ihre Familie sorgt. Dem Leser erscheint Heiner so als die deutlich sympathischere Figur. Obwohl er anders als sein Vater dem Rechtsgrundsatz des Staates keine offene Absage erteilt, steht er für den erfolgreich angepassten Gesellschaftsteilnehmer, der aber durchaus in der Lage ist, kritisch zu hinterfragen und zu urteilen.

Katharina Blumenschläger

Katharina Blumenschläger ist ein ehemaliges Mitglied einer Untergruppe der militanten RAF und ehemalige Lebensgefährtin des ermordeten Oliver Zureks. Am Anfang des Romans sitzt sie zunächst in Untersuchungshaft und erwartet eine Anklage. Aus den Rückblicken im Roman erfährt der Leser, dass sie vor ihrer Festnahme gemeinsam mit Oliver in die Illegalität abtauchte und die Zeit im Untergrund mit ihm verbrachte. Gegen Ende des Romans wird sie zu einer lebenslänglichen Haftstrafe verurteilt.

Katharina Blumenschläger taucht oft nur in Erzählungen im Roman auf und lässt sich so nur durch ihre Briefe an Friederike Zurek und ihr Verhalten im Gerichtssaal und beim Besuch der Zureks charakterisieren.

Dabei erfährt man zunächst durch sie selbst, dass sie relativ stark durch Oliver beeinflusst wurde und dadurch vor allem relativ diszipliniert sei (S. 166). An ihren Briefen fällt ebenfalls auf, dass sie darauf aus ist, ihre Zeit in der Illegalität zu vergessen, da sie diese strikt verschweigt (S. 167). Dies zeugt von einer gewissen Intelligenz und von Lebensverständnis, da ihr bewusst ist, dass alle ihre Aussagen genau kontrolliert werden (S. 167). Beim Besuch der Zureks schweigt sie ebenfalls über diese Zeit, was deutlich macht, dass sie sich von ihren alten Methoden der Willensumsetzung distanziert hat. Sonst wirkt Blumenschläger recht freundlich und herzlich und scheint ihre Lebensfreude trotz der lebenslangen Haft nicht verloren zu haben, was an ihrem Wunsch nach Schokolade deutlich wird (S. 250).

Dies alles führt insgesamt dazu, dass man von einer emotional starken Katharina Blumenschläger sprechen kann, die scheinbar ohne große Probleme die Strapazen ihrer Haft übersteht und dabei versucht, ihre illegale Vergangenheit zu vergessen und sich von dieser zu distanzieren. Die insgesamt sehr sympathisch erscheinende Figur scheint einzusehen, dass sie während ihrer aktiven Zeit in der RAF-Szene Fehler begangen hat. Es scheint, als bereue sie diese nun als Jugendsünden und als möchte sie sich gerne wieder in die Gesellschaft eingliedern. Die Figur Katharinas kann so als Positivbeispiel für eine fehlgeleitete junge Frau voller Ideale gedeutet werden, die – wenn man sie denn am Leben lässt – doch noch auf den richtigen Weg findet. Intertextuell wird diese Positivdarstellung durch den Namensverweis auf Heinrich Bölls Roman „Die verlorene Ehre der Katharina Blum" verstärkt.

5. Personenkonstellation

Im Roman „In seiner frühen Kindheit ein Garten" von Christoph Hein ist der RAF-Terrorist Oliver Zurek die Hauptfigur. Oliver ist eines von drei Kindern. Zusammen mit seinen beiden Geschwistern Christin und Heiner wuchs er bei seinen Eltern, Richard und Friederike Zurek, auf.

Christin ist die älteste aller drei Geschwister, sie ist zwei Jahre älter als ihr Bruder Oliver und vier Jahre älter als ihr zweiter Bruder Heiner. In ihrer Kindheit herrschte zwischen Christin und Oliver eine sehr enge Beziehung (S. 45). Zu ihrem anderen Bruder Heiner hatte Christin eine weniger enge Beziehung als zu Oliver. In ihrer Kindheit unternahmen Christin und Oliver viel zusammen und achteten gegenseitig auf den anderen. Auch in der pubertären Phase, als beide ihre ersten Freunde bzw. Freundinnen kennenlernten, blieb ihr enges Verhältnis bestehen. Doch mit dem Beginn von Olivers krimineller Karriere begann das Verhältnis der beiden stark zu bröckeln und sie entfernten sich voneinander. Christin ist nun Oberstudienrätin an einer Schule in Hamburg und hat zusammen mit ihrem Ehemann Matthias ein Kind, Konstantin.

Damit trat sie in die Fußstapfen ihres Vaters Dr. Richard Zurek. Richard Zurek war 20 Jahre lang erfolgreicher Direktor an einem städtischen Gymnasium. Anfang der siebziger Jahre trat Richard Zurek seinen Dienst an. Er überzeugte mit seiner strengen und konsequenten Art der Erziehung, die er in seinem Beruf, zugleich aber auch zu Hause anwendete (S. 60). Er erzog stets nach humanistischer Tradition, nach Werten und im Gedanken des Rechtsstaates (S. 47).

Mit ihm verbesserte das Gymnasium seinen Ruf in der Stadt. In den Fächern Deutsch, Latein und Physik lehrte er seine Schüler streng nach den Vorstellungen des Staates. Dabei stand der Respekt ihm gegenüber, aber auch gegenüber anderen Respektpersonen an erster Stelle. Mit diesen Methoden gelang es ihm, zwanzig Jahre lang die Schüler und Lehrer nach seinen Idealen zu erziehen und zu beeinflussen. Denn für Richard Zurek war der Lehrerberuf mehr als das, denn mit dem von ihm abgelegt Eid auf den Staat verpflichtete er sich dazu, die Ideale des Staates weiterzugeben, und dies tat Richard Zurek Tag für Tag (S. 188). Inzwischen jedoch ist Richard Zureck mit 76 Jahren pensionierter Rentner.

Friederike Zurek ist ebenfalls 76 Jahre alt und die glückliche Ehefrau an Richards Seite. Die beiden verbindet eine langjährige Ehe, die auch durch verschiedene Tiefschläge nicht zerbricht. Beide schätzen sich gegenseitig und zeigen dem anderen ihre Liebe. Auch Richards Affäre mit Susanne Parlitzke während seiner Zeit als Direktor konnte die Liebe zwischen den beiden nicht zerstören.

Susanne Parlitzke war die Mutter einer von Richards Schülerinnen. Als sie sich bei Richard Zurek beschweren wollte, da es Ungereimtheiten über eine Schulnote gab, verliebten sich die beiden bei ihrem ersten Aufeinandertreffen in Richards Büro und führten ab da an eine neunzehnmonatige Affäre. Doch Susanne Parlitzke beendete die Affäre und Richard Zurek wandte sich wieder seiner Ehefrau Friederike zu. Die ganze Familie, aber auch das Kollegium bemerkten die Affäre. Trotzdem blieb die Liebe zwischen Friederike und Richard bestehen und sie führten ihre Ehe weiter.

Aber auch mit dem Beginn von Olivers krimineller Karriere blieb die Liebe erhalten. Oliver Zurek wurde wegen illegalem Waffenhandel verurteilt und nach seiner Haftentlassung tauchte Oliver in den Abgrund des Terroristentums ab. Auch sein kleiner Bruder Heiner wollte diesen Weg beschreiten, jedoch verbot Oliver es ihm und beauftragte ihn damit, während seiner Abwesenheit die Familie zu beschützen und seinen Posten in der Familie einnehmen (S. 49). Oliver verabschiedete sich von seinen Eltern und Heiner, jedoch nicht von seiner Schwestern Christin. Zwischen ihnen entwickelte sich im Laufe der Zeit ein Konflikt aufgrund ihrer unterschiedlichen Ansichten gegenüber dem Staat. Denn auch Christin hat einen Eid auf den Staat geleistet und sieht nun in ihrem Bruder Oliver lediglich einen Kriminellen. In den Jahren von Olivers Abwesenheit wurde aus Heiner ein ordentlicher Geschäftsmann, den es nach Nürnberg zog. Er leitet Geschäfte quer über den Erdball, wodurch er viel auf Reisen ist und nur noch selten die Gelegenheit findet, seine Eltern und seine Schwester zu treffen. Christin heiratete und lebt nun in Hamburg, zusammen mit ihrem Kind und ihrem Mann Matthias. Matthias ist ebenfalls Geschäftsmann mit großem regionalem Einfluss. Ihr gemeinsamer Sohn Konstantin erfährt eine ordentliche Erziehung. Jedoch ist er abgeneigt, seine Großeltern zu besuchen und widmet sich lieber seinen Videospielen.

Auch das Verhältnis zwischen Matthias und Richard ist abgespannt. So oft es geht, versucht Matthias einem Kontakt mit Richard aus dem Wege zu gehen. Dies liegt an den kriminellen Machenschaften von Oliver, der in Matthias Augen ein Terrorist ist. Doch Richard Zurek versucht auf Drängen von seiner Frau Frederike, den Kontakt zu seiner Tochter und ihrem Mann aufrecht zu erhalten.

Mit dem Tag des Todes von Oliver treten neue Personen auf. Zum einen der Rechtsanwalt Feuchtenberger aus Wiesbaden. Zusammen mit ihm kämpft die Familie für die Gerechtigkeit gegenüber Oliver und will zur Aufklärung der Vorfälle am Bahnhof beitragen. Ansprechperson für den Anwalt Feuchtenberger ist Richard Zurek. Zwischen den beiden finden mehrere Treffen statt und beide stehen im ständigen Kontakt.

Aber auch die Denkweise von Richard Zurek ändert sich vom Tag des Todes seines Sohns immer mehr, da der ganze Fall mysteriös erscheint. Er überdenkt seine Ideale, nach denen er jahrelang erzog und unterrichtete. Dabei entwickelt sich ein Konflikt zwischen Richard Zurek und dem Staat, aber auch ein Konflikt zwischen Christin und ihrem Vater Richard aufgrund ihrer unterschiedlichen Denkweisen über den Staat. Christin ist gegenüber dem Staat verpflichtet, da sie ihren Eid als Beamtin geleistet hat.

Richard wiederum sieht in Oliver das Opfer und den Staat als Schuldigen, der nun alles versucht, um den Fall zu vertuschen. Aufgrund dessen widerruft er seinen vor Jahren abgelegten Eid als Beamter bei einer Vorlesung in seiner alten Schule. Doch auch das bringt Richard Zurek nicht die erhoffte Antwort auf die Frage, ob er in seiner Erziehung versagt habe.

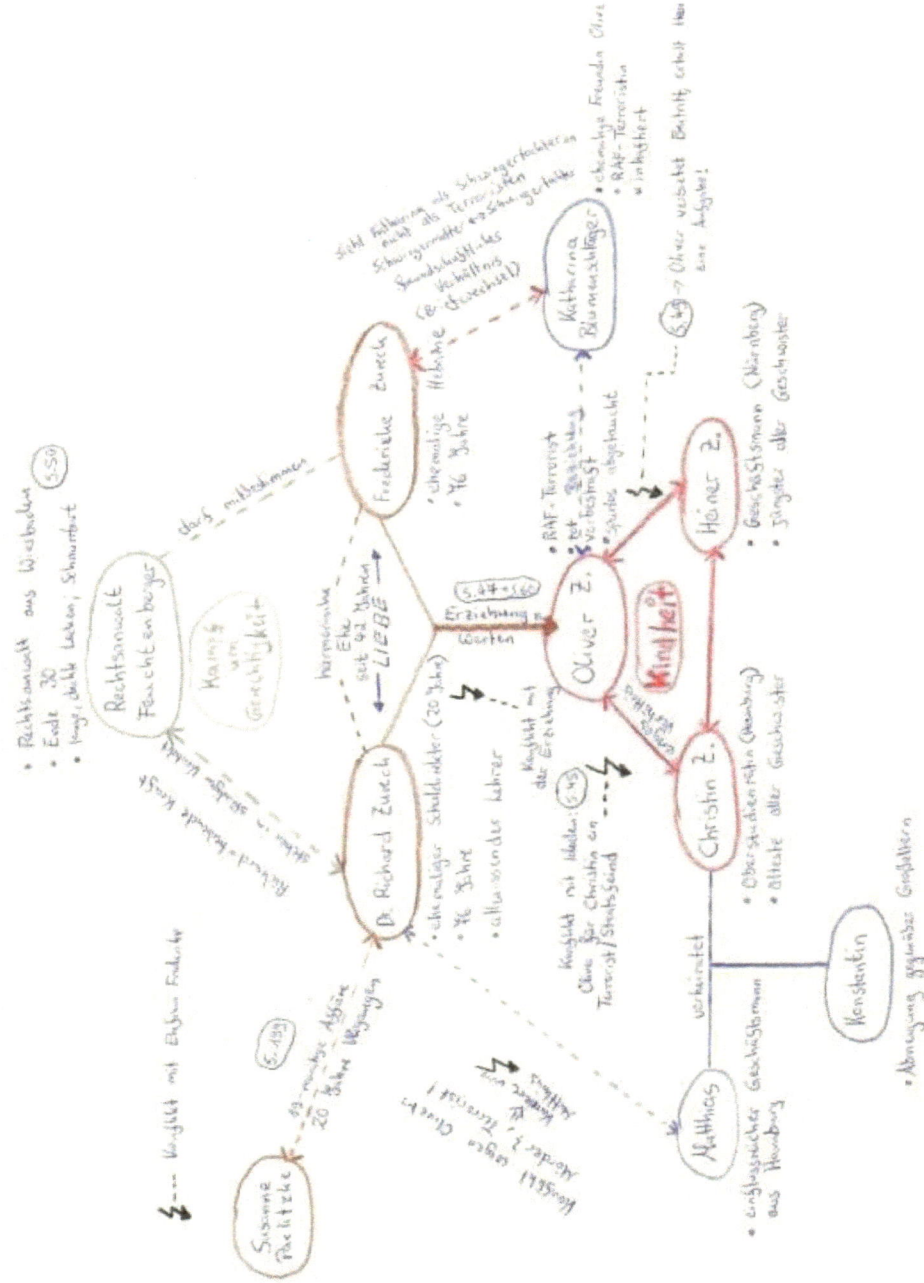

Die Veränderung der Personenkonstellation während des Familienlebens der Zureks

Die Familie Zurek in der Kindheitszeit der Kinder

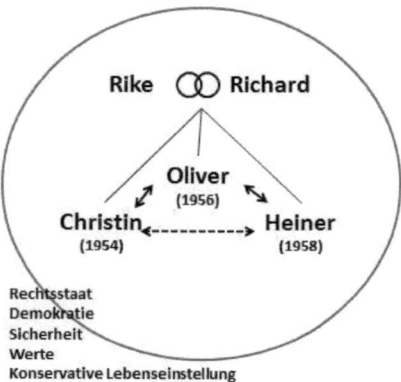

Oliver entscheidet sich für den Kampf gegen die Gesellschaft

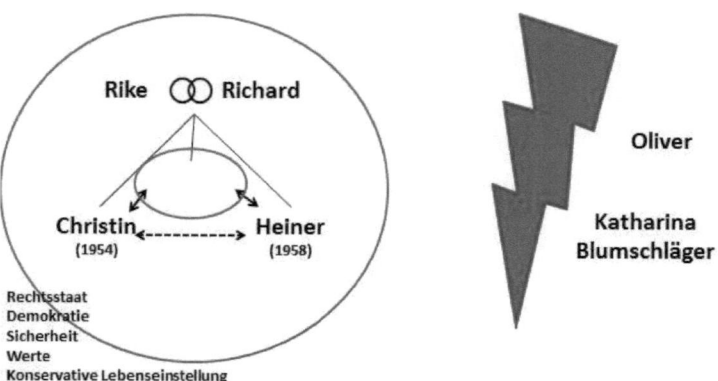

Veränderung der Personenkonstellation angesichts der Unklarheiten um Olivers Tod

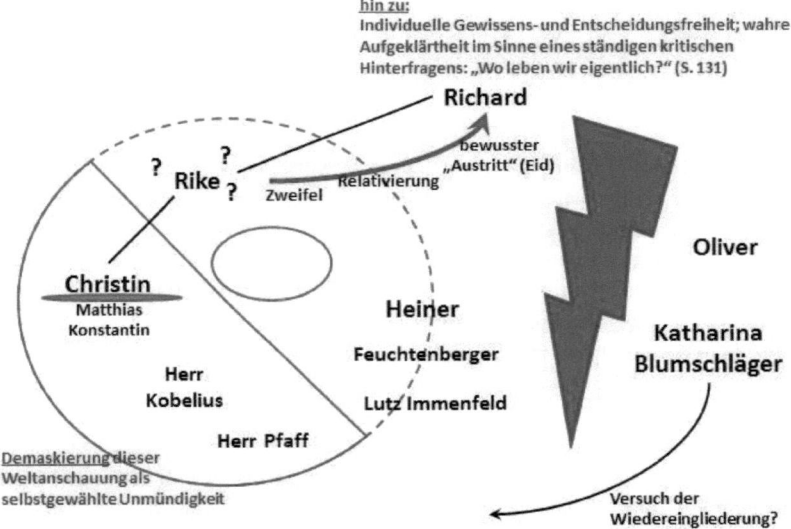

hin zu:
Individuelle Gewissens- und Entscheidungsfreiheit; wahre Aufgeklärtheit im Sinne eines ständigen kritischen Hinterfragens: „Wo leben wir eigentlich?" (S. 131)

Richard

bewusster „Austritt" (Eid)

? ? Rike ?

Zweifel Relativierung

Oliver

Christin
Matthias
Konstantin

Heiner

Feuchtenberger

Katharina
Blumschläger

Herr
Kobelius

Lutz Immenfeld

Herr Pfaff

Demaskierung dieser Weltanschauung als selbstgewählte Unmündigkeit

Versuch der Wiedereingliederung?

6. Der Umgang mit der Todeserfahrung

Im Folgenden soll erläutert werden, wie die verschiedenen Charaktere aus Christoph Heins Roman „In seiner frühen Kindheit ein Garten" mit der Erfahrung des Todes von Oliver Zurek umgehen. Es sind wesentliche Unterschiede zu erkennen, die den Figuren eine stereotype Erscheinung (siehe Charakterisierungen) im Vollzug der Trauerbewältigung geben.

Richard Zurek

Am Beispiel von Richard Zurek wird deutlich, dass eine Todeserfahrung einen Menschen verändern kann. In den beschriebenen Jahren nach dem Tod seines Sohnes macht der ehemalige Direktor eine Wandlung durch, die ihn letztendlich stark in seinen Grundüberzeugungen erschüttert. Richard Zurek braucht eine eindeutige Schuldzuweisung. „Ich grübele schon seit Jahren darüber nach, welche Fehler wir gemacht haben, was ich falsch gemacht habe." (S. 80) Er ist nicht in der Lage, über den Tod seines Sohnes hinwegzukommen, ohne den Grund zu kennen, warum Oliver sterben musste. Dass Oliver selbst schuld war, schließt er jedoch meist aus: „Er ist nur ein armer toter Junge." (S. 67).

Aus diesem Grund verfolgt er jede Reportage und alle Nachrichten über den Fall im Fernsehen und schneidet außerdem sogar alle Zeitungsartikel aus, in denen sein Sohn erwähnt wird. Er ist wie besessen von Olivers Vergangenheit und von dem Wunsch, „Gerechtigkeit für Oliver" (S. 175) zu erlangen. Dabei geht er soweit, dass er alle Bücher aus Olivers Zimmer liest, um ihn zu verstehen. Sein Fazit bezüglich der vorher eher verachteten Werke ist sogar, dass es „[...]in diesen Büchern [...] in Wirklichkeit um Liebe [gehe]." (S. 138) In seinem Versuch der eindeutigen Schuldzuweisung versetzt sich Richard Zurek also immer mehr in die Denkweise Olivers, was ihn wiederum in seiner eigenen Entwicklung beeinflusst.

Dass er einen Prozess mit sich selbst durchmacht, wird außerdem darin deutlich, dass er als „ungewöhnlich schweigsam" (S. 122) beschrieben wird. Er versucht, möglichst selbstständig mit der Todeserfahrung umzugehen und spricht kaum mit seiner Frau über die Dinge, die ihn wirklich bewegen. (Beispiel: „Ich habe mit ihr nicht darüber gesprochen, niemals." (S. 81)) Außerdem verändert sich Zureks Wortwahl im Laufe des Werkes. Eigentlich lehnte er sein Leben lang den Gebrauch von Schimpfwörtern ab (S. 115), später ist es ihm gleich, Worte „Arschgesicht" (S. 114) zu benutzen. Richard Zurek kommt bis zuletzt nicht über den Tod seines Sohnes hinweg, weil er keine eindeutige Schuldzuweisung durch verschiedene juristische Maßnahmen erhält. Verzweifelt versucht er mit immer hoffnungsloseren Wegen, Oliver zu entlasten. („Es ist ein Alptraum [...] und ich finde nicht den Ausgang." (S. 180)) Aus dieser Verzweiflung kann er sich letztendlich befreien, indem er eine grundsätzliche Entscheidung über seine Wertgrundsätze fällt: Er widerruft öffentlich seinen Amtseid („Vor Ihnen allen als meinen Zeugen: Ich widerrufe hiermit meinen Eid." (S. 268), vgl. auch die Darstellungen zum Interpretationsschwerpunkt „Rechtsstaat und Demokratie"). Damit ist die Wandlung der Figur Richards, die durch die Todeserfahrung seines Sohnes ausgelöst worden ist, vollendet.

Friederike Zurek

Friederike Zurek schlägt einen anderen Weg der Trauer ein als ihr Mann. Für sie ist es nicht vordergründig wichtig, wer die Schuld am Tod ihres Sohnes trägt. Was sie aber wiederum unbedingt wissen muss, ist, ob ihr Sohn ein Mörder und Selbstmörder war: „Wieso soll er plötzlich ein Mörder sein?" (S. 94). Sie will Oliver als den jungen Mann in Erinnerung behalten, der einmal bei ihr aufgewachsen ist, der sich noch nicht der RAF angeschlossen hat und der auf ihren aufbewahrten Fotos zu sehen ist. Aus diesem Grund sieht Friederike Zurek die verurteilte Terroristin Katharina Blumenschläger auch als ihre Schwiegertochter an. Sie will lieber in ihrer Vorstellung eine Scheinwelt von der Zukunft Olivers mit Katharina in Form von einem „bürgerliche[n] Leben" (S. 72) zusammenstellen, als sich mit den Gründen für den Tod genauer auseinander zu setzen. Wie bereits genannt, ist dabei aber zu beachten, dass die Frage, ob Oliver ein Mörder ist, in ihrem Denken zentrale Bedeutung hat. Weil ihr Herz ihr nämlich sagt, dass er unschuldig ist, ist sie in der Lage, dieses Scheinleben Olivers zu konstruieren.
Sie ist außerdem die harmoniebedürftige Schlichterin in der Familie, auch wenn ihre eigene Trauer dabei möglicherweise zu kurz kommt. Frau Zurek tut alles, um die verbliebene Familie zusammen zu halten. „Wir haben nur noch Christin und Heiner. Verzank dich nicht mit ihr" (S .84), bittet sie ihren Mann. Gleichzeitig geht sie Konflikten, vor allem mit Richard, meist aus dem Weg. Der Satz „Du musst nicht alles entschuldigen, Rike." (S. 115) ist ein Beleg hierfür.
Sie sitzt jeden Tag einige Stunden in Olivers Zimmer und wirkt insgesamt „sehr gefasst" (S. 122). Trotzdem geht Friederike Zurek eher emotional mit der Todeserfahrung um, was zum Beispiel in ihrem Traum vom Artikel „Die Mutter des Killers" (S. 116) deutlich wird.

Betrachtet man die Trauerbewältigung von Richard und Friederike vergleichend, so wird zwar ein „unverändert[er] Alltag" (S. 135) der beiden Eheleute beschrieben. Sie sind einerseits „vereint in ihrem Kummer" (S. 57), andererseits aber mit ihren eigenen

Gedanken und ihrer eigenen Art der Trauerbewältigung beschäftigt.

Vergleichend gesehen weist das ältere Ehepaar erhebliche Unterschiede im Umgang mit der Todeserfahrung auf. Man kann ein typisches Bild von Mann und Frau erkennen, bei dem der Mann nach sachlichen Informationen sucht und die Frau emotional nur an ihre Familie denkt. Insofern konstruiert Hein ein stereotypähnliches Trauerbild von Mann und Frau.

Heiner Zurek

Heiner Zurek weist ähnliche Verhaltensmuster auf wie sein Vater Richard. Er ist eine Art „Schatten" des Vaters („Das hast du uns doch beigebracht, Paps." (S. 48)) und steht damit quasi auf Olivers Seite, da er Oliver ebenso für unschuldig hält.

In der Bewältigung seiner Trauer findet er jedoch einen anderen Weg, Oliver positiv zu gedenken. Er erinnert sich nämlich an den Schwur, den er ihm leisten musste: „Ich wollte unbedingt mitmachen, aber er hat es mir verboten. [...] Ich musste sogar schwören." (S. 48) Auf Grund dieses Versprechens ist Heiner seinem Bruder also dankbar, dass er ein normales Leben führen konnte.

Für Heiner ist die Todeserfahrung also ein Anstoß gewesen, seine eigene Vergangenheit zu reflektieren und zu überlegen, wieso er noch lebt und Oliver sterben musste.

Christin Zurek

Christin Zurek ist gewissermaßen das Gegenstück zu ihrem Bruder Heiner. Sie ist nämlich wütend auf Oliver und kann ihm nicht verzeihen. („Er hätte ja einmal an uns denken können." (S. 47)) Außerdem hat Christin Meinungsverschiedenheiten mit ihrem Vater, was auch ein Unterschied zwischen ihr und Heiner ist. Richard Zurek ist der Meinung, dass seine Tochter durch „den Einfluss von diesem Matthias" (S. 91), also ihrem Ehemann, dazu gebracht worden sei, ihren Bruder so negativ zu beurteilen.

Insgesamt bleiben jedoch sowohl Heiner als auch Christin recht eindimensional und glatt beschrieben, was ihnen ebenfalls eine eher stereotype Erscheinung als die kategorisch verneinende und staatstreue Tochter und den einsichtigen, verständnis- und liebevollen Sohn gibt.

7. Parallelen zwischen Romanhandlung und historischem Geschehen und Intension des Autors

„Die namentlich genannten Personen des Romans sind frei erfunden." (S. 4)
Mit diesen Worten beginnt Christoph Heins Roman „In seiner frühen Kindheit ein Garten". Doch meint er dies auch wirklich ernst oder nutzt er es als pure Provokation? Er sagt damit aus, sein Roman sei reine Fiktion und beruhe auf keinerlei wahren Begebenheiten. Doch wieso gleicht seine Geschichte dann in vielen Aspekten einer Festnahme vom 27. Juni 1993? Bei dieser Festnahme kamen das RAF-Mitglied Wolfgang Grams und ein Polizeibeamter durch einen Schusswechsel ums Leben. Grams Freundin Birgit Hogefeld konnte festgenommen werden.

Durch vielerlei Widersprüche bei der Untersuchung seines Todes geriet der Fall in die Schlagzeilen und verursachte ein deutschlandweites Aufsehen. In Heins Roman wurden die Namen der Betroffenen tatsächlich geändert, doch die Kernhandlung beschreibt genau diesen Tathergang mit all seinen Folgen. Als unterstreichendes Beispiel hierfür kann man den Namen der Stadt wählen, in der sich die Festnahme ereignete. In der Realität war es *Bad Kleinen*, Christoph Hein änderte ihn nur in „Kleinen".

Zeugen wurden als unglaubwürdig erklärt, Videoaufnahmen verschwanden spurlos und nach etlichen Spekulationen und Gerüchten verhängte die Regierung ein Presseverbot, sowohl in der Realität, wie auch im Roman. Dies führte zu einem gewissen Zwiespalt in der Gesellschaft, der sich darin äußerte, dass sich ein Teil hinter die radikalen Terroristen stellte und davon überzeugt war, dass Wolfgang Grams (bzw. Zurek) mutwillig von Beamten ermordet wurde und der Staat nun versuche, dies zu vertuschen.

Der andere Teil empfand keinerlei Mitleid mit diesem Terroristen, der immerhin freiwillig der (links-)radikalen RAF beigetreten war und eventuell Aktionen organisierte, die mehrere Menschenleben forderten. Wolfgang Grams' Eltern gaben sich nicht mit einem unaufgeklärten Tod ihres Sohnes zufrieden und klagten immer wieder gegen den Staat, obwohl ihre Chance aussichtslos schien. Dies nutzt Christoph Hein als Rahmenhandlung seines Romans, denn auch Oliver Zureks Eltern lassen sich nicht durch Abweisungen vom Klagen abbringen. Er verpackt dies mit der Beschreibung ihres alltäglichen Lebens nach dem Tod ihres Sohnes und erzählt das Geschehene aus der Sicht der Eltern. Beim genauerem Hinsehen erkennt man auch in den Details des Romans immer wieder Parallelen zur Realität.

Ein Beispiel hierfür wäre die Tatsache, dass Oliver Zurek, seine Freundin und ein unbemerkter V-Mann vor der plötzlichen Verhaftung in einem Bahnhofcafé saßen und dort auf ihren Zug warteten, genau wie Wolfgang Grams und Birgit Hogefeld. Desweiteren wurde Birgit Hogefeld, die bekanntlich festgenommen werden konnte, nach einem langen Prozess zu lebenslänglicher Haft verurteilt, wie auch Katharina Blumenschläger im Roman.

All diese Fakten widersprechen somit der Aussage Heins, dass der Roman frei erfunden sei. Man muss also davon ausgehen, dass Hein die missglückte Verhaftung Grams' als Vorlage genutzt hat und bewusst darauf vertraut, dass der Leser das auch erkennt. Eine Lüge ist seine Vorbemerkung (S. 4) aber dennoch nicht, denn Hein ändert den Blickwinkel auf das Geschehene: Er erzählt aus der Perspektive der trauernden Eltern und vor allem eines bis zur Selbstaufgabe staatstreuen Bürgers, dem durch den Tod seines Sohnes die Augen geöffnet werden und der daraus lernt, das scheinbar Selbstverständliche kritisch zu hinterfragen. Auch wenn die Handlung also sehr nah an der historischen Vorlage bleibt, so sind die behandelte Thematik und damit also auch die Figuren fiktiv.

Intension des Autors

Christoph Hein erzählt seinen Roman aus der Perspektive der Eltern des verstorbenen RAF-Mitglieds und somit vorwiegend durch einen personalen Erzähler und wählt eine sehr subjektive Sicht, die sich klar gegen den Staat stellt, da Richard und Rike ihren Sohn verständlicher Weise niemals als Mörder ansehen würden. Der Leser bekommt somit den Eindruck, dass dieser Familie Unrecht getan wird und verurteilt den Staat im Unterbewusstsein für das unnachvollziehbare Vorgehen beim Aufklären des Todesfalles. Doch was beabsichtigt der Autor damit? In der DDR lebend, vertrat dieser das politische System des Sozialismus und sprach sich nach der Wiedervereinigung für einen unabhängigen Staat der DDR aus, der dieses System auch weiterhin beibehält. Ist dieser Roman also als Kritik an der BRD zu sehen, dass auch dieser Staat fehlerhaft und unterdrückend arbeiten kann? Oder unterstützte Hein, wie auch viele Politiker der DDR, die Machenschaften der RAF und schrieb diesen Roman aus persönlichem Interesse? Dies würden seine politischen Überzeugungen und sein Befürworten einer klassenlosen Gesellschaft, wofür auch die RAF kämpfte, begründen. Diese Fragen kann allerdings nur Christoph Hein selbst beantworten. Desweiteren lässt sich nur vermuten, ob er seinen Roman aus dem einfachen Grund verfasste, weil er verhindern wollte, dass eine Tat voller Widersprüche wie diese, in Vergessenheit gerät. Durch diese subjektive Sichtweise verbreitet Hein allerdings die Meinung, dass ein einfacher Bürger keinerlei Chancen gegen die mächtige Gewalt des Staates habe. Als letztes gilt zu vermuten, ob Heins Intension darin lag, die Teile der Gesellschaft anzusprechen, die in Wolfgang Grams, bzw. Oliver Zurek, nur einen herzlosen Terroristen sehen, dem kein Unrecht getan wurde, und an diese zu appellieren, das Geschehene aus der Sicht der leidenden Eltern zu sehen, die ihren Sohn verloren haben, um vielleicht ein bisschen Mitgefühl anstatt reiner Verurteilung zu erhalten.

8. Aufbau und sprachliche Gestaltung

Die Handlung des Romans wird anachronistisch erzählt. So bilden die ersten und die letzten drei Kapitel einen Erzählrahmen, von dem aus ein Rückblick vorgenommen wird. Besonders das erste und das Ende des letzten Kapitels weisen dabei eine starke Entsprechung auf: Es agieren jeweils die beiden Hauptfiguren Richard und Rike Zurek, die Gaststätte „Bahnhof" taucht in beiden Passagen als Handlungsort auf und dem Umgang mit der Zeit wird jeweils eine große Bedeutung eingeräumt (vgl. im ersten Kapitel den Umgang des Ehepaares mit dem Regulator und Richards Ausspruch „Amici, diem perdidi." (S. 7) und Richards Bemerkung am Ende der Erzählung (S. 271)). Hingegen wandelt sich die Stimmung Richards von „nervös" und „hilflos" (S. 8) zu „unternehmungslustig[er]" Ausgeglichenheit (S. 271). Zwischen diesem geschlossenen Rahmen, der zeitlich mit dem Jahr 1998 festzusetzen ist, begibt sich die Erzählung zurück, um zweierlei miteinander verbundene Handlungsebenen zu entfalten: Zum einen die Schilderung der Ereignisse, die unmittelbar mit dem Tod Oliver Zureks zusammenhängen und deren Folgen; zum anderen die Aufarbeitung des Todes durch die Eltern und deren Bemühungen, die Unschuld ihres Sohnes zu beweisen. Die Rückblicke beziehen sich dabei größtenteils auf die Zeitspanne von 1993 (Tod Olivers) bis 1997, reichen aber teilweise noch weiter zurück (Hier ist v.a. Kapitel 12 zu nennen, aber auch kürzere Passagen geschilderter Erinnerungen, die bis in die Kindheit Olivers verweisen.). Ausgehend von einem Zeitpunkt, der kurz vor dem Abschluss der Erzählhandlung steht, wandert die Erzählung so durch das Vergangene und erzählt von dessen Verarbeitung durch die Hauptfigur, um letztendlich am Ende des Verarbeitungs- und Wandlungsprozesses Richard Zureks wieder zum zeitlichen Ausgangspunkt zurückzukehren und ihn zu überwinden. Währenddessen erlebt der Leser die Läuterung der Hauptfigur, wenn auch keine Läuterung im klassischen Sinne, sondern eine, die ihn vom willfährigen Staatsdiener zum alles hinterfragenden Kritiker und Zweifler werden lässt.

„In seiner frühen Kindheit ein Garten" ist mit der Bezeichnung „Roman" untertitelt. Sieht man einmal von dem anachronistischen Vorgehen der Erzählung ab, so könnte beim Leser aber auch der Eindruck entstehen, es handele sich um einen Bericht. Die Erzählung wirkt auf den ersten Blick sehr nüchtern. Eine bewusst aufgebaute sprachliche Ästhetik ist nicht zu erkennen: „In seiner frühen Kindheit ein Garten" besticht weder durch Bildhaftigkeit noch durch Sprachwitz in irgendeiner Weise. Auch das Motiv des Gartens der Kindheit, das durch den Titel und das vorangestellte Murdoch-Zitat (S. 6) so große Erwartungen schürt, wird nur sehr oberflächlich aufgegriffen und bearbeitet. Die drei Stellen des Romans, an denen das Motiv aufgegriffen wird (S. 68, S. 89, S. 145f.) bieten dem Leser kaum mehr, als er vorher auch schon wusste. Zudem werden die Geschehnisse über weite Teile derart ausführlich geschildert, dass sich der Leser stellenweise fragt, ob der Roman nicht mit der Hälfte seines Umfangs ausgekommen wäre. So taucht beim Lesen vieler Passagen die Frage auf, in welcher Beziehung das soeben Erzählte eigentlich zur Gesamthandlung der Erzählung stehe: So etwa bei der Schilderung des Autounfalls Richard Zureks (S. 146f), dem Inhalt eines Schaufensters (S. 23) oder bei dem Treffen Richards mit seiner ehemaligen Geliebten Suse (S. 149-208). Die vom Leser als Langatmigkeit empfundene Erzählweise ist auch ein Schwerpunkt der Kritik. So schreibt Wolfgang Höbel: „Zurek trifft sich in einem willkürlich eingeschobenen Exkurs mit seiner Ex-Geliebten in einem Café, gemeinsam sinnieren die beiden über eine zwei Jahrzehnte zurückliegende Affäre, von der die ganze Kleinstadt wusste. [...] Hanebüchener Unfug ist das." (Höbel 2005, S. 170) Noch radikaler formuliert es eine Deutschlehrerin in einer Rezension bei Amazon: „Der Inhalt des Buches lässt sich in einem Satz zusammenfassen: Eltern trauern um ihr totes Kind und können dessen Tod nur schwer verarbeiten. Leider hat der Autor diesen Satz auf ca. 266 Seiten ausgedehnt." (Leserrezension bei Amazon, mittlerweile nicht mehr abrufbar) Alles in allem entsteht so der Eindruck, dass es sich bei „In seiner frühen Kindheit ein Garten" nicht um einen Roman, sondern um einen ungefiltert wiedergegebenen Trauerbericht handle. Und so falsch ist diese Vermutung auch nicht, bezeichnet sich Hein doch selbst als „Chronist", dessen Ziel es sei, „einen möglichst genauen Bericht von [sich] und der kleinen Welt, die [er] kenne, zu geben." (Viertelhaus 2007, S. 79) Sollte „In seiner frühen Kindheit ein Garten" aber tatsächlich nicht mehr sein als ein kunstloser Bericht über eine Ehepaar, für das sich eigentlich niemand interessiert?

Die Erklärung dieser Erzählweise liegt auch in der Erzählperspektive des Romans begründet. Es wird teilweise auktorial, teilweise aus der Perspektive eines personalen Erzählers erzählt. Die personal erzählten Passagen geben dabei überwiegend die Sicht Richard Zureks wieder. Nun ist die Figur des pensionierten Deutsch-, Physik- und Lateinlehrers derart pedantisch angelegt, dass die personalen Teile der Erzählung von den auktorialen oftmals nur schwer zu unterscheiden sind. Richard Zurek studiert und dokumentiert das Geschehen um den Tod seines Sohnes mit einer derartigen Genauigkeit, dass er bald alle damit zusammenhängenden Fakten auswendig kennt (vgl. S. 16f). Als er das Abschlussgutachten der Ermittlungen gegen die an der misslungenen Festnahme beteiligten Beamten erhält, „setzte [er] sich mit dem dicken Hefter an die Fensterbank im Wartezimmer Kanzlei, legte ein mitgebrachtes Schulheft und seinen Füllfederhalter daneben und begann mit der Lektüre. [...] Seine Fragen [schrieb] er säuberlich in das Schulheft [...]." (S. 127). So liest sich auch der Roman. Wenn Höbel urteilt: „Es herrscht in diesem Buch oft eine sprachliche Betulichkeit, die stark nach Aktenstaub mieft." (Höbel 2005, S. 169), so ist das der Aktenstaub, den Richard Zurek um sich anhäuft. Zu der Figur Richard Zureks passt nun mal keine komplex ausgestaltete Motivik aus Symbolen und Bildern. Und zu ihr passt auch keine spannungsvolle und zügig voranschreitende Erzählweise. Wenn immer wieder von Neuem das Lesen und Besprechen ähnlicher Berichte und Fakten und zum wiederholten Male die ohne Lösung endenden Diskussionen Zureks mit seiner Tochter Christin geschildert werden, so ist das zwar für den Leser redundant, lässt ihn aber auch erfühlen, wie belastend die Situation für Richard Zurek und dessen Frau sein muss. Die gesamte Erzählung dreht sich auf Handlungs- und Sprachebene auf einem niedrigen Niveau im Kreise – ähnlich wie die Bemühungen des Ehepaares, den Tod des Sohnes aufzuklären. Diese – zugegebenermaßen für den Leser nicht sonderlich spannende – Erzählweise der Alltagsschilderung bildet insofern gut ab, was Hein abzubilden beabsichtigt: Den einfühlsam geschilderten, individuellen Verarbeitungsprozess der Eltern eines RAF-Terroristen, die um ihren erschossenen Sohn trauern. So ist „In seiner frühen Kindheit ein Garten" auch kein Bericht des Autors Christoph Hein, der an den historischen Tatsachen gemessen werden darf. Es ist ein Roman, der aus der Sicht des Ehepaares Zurek von den Details eines Ereignisses berichtet, das die demokratische Rechtschaffenheit des politischen und juristischen Systems der BRD anzweifeln lassen könnte. Inwiefern der Leser diesem Bericht und den davon aufgeworfenen Zweifeln zustimmt oder nicht, ist ihm selbst überlassen.

Der Vollständigkeit halber muss an dieser Stelle darauf hingewiesen werden, dass sich die Wandlung der Figur Richard Zureks vom treuen und überzeugten Staatsdiener hin zum anklagenden und hinterfragenden Systemzweifler in dessen Sprache wiederspiegelt. Am deutlichsten wird das in den von ihm zunehmend gebrauchten Vulgarismen und Fäkalausdrücken (z.B. S. 114, S. 133, S. 214; vergleiche dazu auch die Charakterisierung der Figur Richard Zureks).

Rüdiger Bernhardt beschreibt darüber hinaus in seiner Interpretation des Romans u.a. eine „Zahlensymbolik", nach der den Ziffern Fünf, Zwei, Drei, Zehn und Zwölf eine besondere Bedeutung zukomme (vgl. ders., S. 71ff). Derartige Interpretation müssen als Überinterpretationen zurückgewiesen werden und sind sicher nicht von Hein intendiert. Sie entspringt vermutlich der Erwartung, dass ein in der Schule gelesener Roman über komplexe Motiv- und Sprachstrukturen verfügen müsse.

Alles in allem zeigt sich „In seiner frühen Kindheit ein Garten" als eine der seltenen Erzählungen, die Nüchternheit und Redundanz als sprachliche Gestaltungsmittel nutzen.

9. Bedeutung des Titels

Im Folgenden soll die Wahl des Titels der Erzählung interpretiert werden. Ich stütze mich hierbei auf das Zitat von Iris Murdoch am Beginn des Romans, in dem es heißt: „Es gibt glückliche Kinder, die in ihrer frühen Kindheit einen Garten, eine Landschaft ihr Reich nennen können." (S. 6) Inwiefern war Oliver Zurek also kein glückliches Kind, dass er zu schlimmen Taten fähig war? Und wie beeinflussten ihn seine Eltern mit ihrer Erziehung?

Ich deute den Garten aus dem Zitat als Geborgenheit und Freude, die keinesfalls selbstverständlich sind. Kinder lieben es, im Garten zu spielen, da ihnen somit eine gewisse Freiheit geboten wird, die trotzdem von Eltern vorsichtig überwacht werden kann. In einem Kinderzimmer können Kinder niemals so viel Fantasie entwickeln wie in einem selbstgebauten Baumhaus oder in einem abenteuerlichen Indianer-Tipi. Sinnbildlich gesehen steht ein Garten für das, was liebende Eltern ihren Kindern immer bieten sollten: Liebe, Geborgenheit und das Wissen, Zuhause immer willkommen zu sein.

Oliver Zurek wird stets beschrieben als ein immer glückliches und aufgewecktes Kind. Er hatte eine blühende Fantasie und dachte sich die wildesten Streiche aus. (vgl. S. 89) Er wurde geliebt und hatte Freiheiten, doch trotzdem lehrte ihm sein Vater Richard, der selbst Lehrer war, Manieren und ein gewisses Staatsverständnis. Eine Vermutung für Olivers „Ausbrechen" aus dem elterlichen Staatsverständnis wäre, dass ein Kind, das stets streng nach der Meinung der Eltern erzogen wird, früher oder später „ausreißt", um endlich ein eigenes Leben zu leben. Oliver Zurek wäre hierbei auf keinen Fall der erste Mensch, der sich dann in genau die entgegengesetzte Richtung dreht. Nach Olivers Meinungswandlung streiten sich Vater und Sohn immer häufiger über ihr unterschiedliches Staatsverständnis, das nun vollkommen im Gegenteil zueinander stand, was diese These unterstreicht. Umso mehr gibt sich nun Richard Zurek die Schuld für die radikalen Ansichten seines Sohnes und spricht von einem Versagen seiner Erziehung. (vgl. S. 122) Die Tatsache, dass er Schulleiter war, lässt ihn als staatstreuen Mann wirken, der natürlich seine Ansichten auch an seine Kinder weitergibt. Oliver Zurek nahm dies vielleicht aber nur so lange hin, bis es ihm selbst möglich war, sich seine eigene Meinung zu bilden und für sich selbst zu entscheiden, was richtig oder falsch ist. Dazu kommen der Umgang mit beeinflussenden und überzeugenden Freunden und das Lesen fanatisch-ideologischer Literatur unterstützte den Wandel vom Staatsfreund zum Staatsfeind. Richard Zurek erschrak jedes Mal erneut über die radikale Meinung seines Sohnes, bis zu dem Zeitpunkt, an dem er am eigenen Leib erfahren musste, wie konsequent sich der Staat gegen einzelne Personen stellen konnte und wurde schließlich einsichtig, was Oliver ihm stets versuchte zu erklären.

In dem Titelbild unserer Lektürehilfe (siehe nächste Seite) verarbeiten wir erneut die Frage, inwiefern Richard Zurek an Olivers radikalen Meinungen schuld ist und wollen auch Leser/innen zum Nachdenken anregen. Sie zeigt die Angst eines Vaters, seinen Sohn durch seine eigene Meinung auf die schiefe Bahn gebracht zu haben. Dieser ist in dem Bild dargestellt als Mann, der mit einer Gießkanne schwarzes Wasser auf nicht ausgewachsene Bäume, in Form eines Maschinengewehres, schüttet. Damit ist gemeint, dass Richard durch seine konservativen Ansichten Oliver nahezu dazu gedrängt hat auszubrechen und sich in die andere Richtung zu entwickeln, die in diesem Fall Revolution und Gewalt bedeutet. Am Stiel des Maschinengewehrs steht der Ausdruck RAF, was wieder darauf hinweist, dass das Gießen mit dem schwarzen Wasser die Pflanze der RAF zum Wachsen bringt. Auf Oliver und Richard Zurek bezogen bedeutet dies, dass Richard seinen Sohn durch seine konservativen Meinungen näher in die Arme der RAF getrieben hat. Ob dies für den Roman allerdings zutrifft, ist fraglich, da ein Vater, der seinem Sohn seine Ansichten nahelegt, grundsätzlich nichts falsch macht. Es liegt letztendlich an der Persönlichkeit des Einzelnen, wie man damit umgeht.

Eine Vermutung, warum Christoph Hein seinen Roman „In seiner frühen Kindheit ein Garten" nannte und somit auf die Kindheit der Hauptperson anspielt, wäre, dass er zeigen wollte, dass auch Kinder, die immer glücklich und zufrieden wirkten, während des Erwachsenwerdens einen völlig anderen Charakter entwickeln können und es oftmals für schlechtes Verhalten keine Ursachen in der Kindheit gibt. Ein intaktes Elternhaus bedeute somit also nicht, dass auch die Kinder diesen „Frieden" weiterführen wollen. Eine andere Vermutung wäre allerdings, dass er auf das Versagen der elterlichen Erziehung anspielen wollte, das Oliver zu seinen fragwürdigen und radikalen Ansichten trieb. Wie oben bereits erwähnt, fragt sich Richard Zurek zu Beginn des Romans oft, was er falsch gemacht habe und durch was er Oliver hätte stoppen können. (vgl. S. 82) Eine Antwort darauf findet er allerdings nie, trotzdem zweifelt er immer wieder an seinem Können als Vater und auch als Lehrer. In der Erzählung selbst gibt es mehrere Verweise auf den Titel, so zum Beispiel das Bild, das Oliver während seines Gefängnisaufenthalts malte, auf welchem der Garten zu sehen war, in dem er aufgewachsen ist. Daraus lässt sich schließen, dass er seine Familie und Heimat vermisste und sich gerne und oft an seine Kindheit zurückerinnerte.

Deckblatt einer der im Rahmen des Deutschunterrichts entstandenen Interpretationshilfen

10. Interpretationsansätze

Rechtsstaat und Demokratie

Eine wesentliche Frage, die sich dem Leser des Romans „In seiner früher Kindheit ein Garten" stellt, ist, inwiefern die dort beschriebene Handlungsweisen des Staates und der dem Staat untergeordneten Gerichte dem Prinzip des Rechtsstaates entsprechen.

Ein anscheinender staatlicher Komplott, der dem Rechtsstaat und der Demokratie widerspricht, zeichnet sich das erste Mal deutlich im 7. Kapitel ab. Richard und Heiner vermuten Lügen des Staates, der sich den unangenehmen Konsequenzen, nämlich den Verurteilungen der Beamten und der Befleckung des staatlichen Images, zu entziehen versucht. Es habe ihrer Meinung nach den Anschein, dass die vielen Obduktionen, die schließlich Oliver als Mörder und Selbstmörder darstellen, durch den Staat beeinflusst wurden. Es scheint Druck auf die Verantwortlichen ausgeübt worden zu sein, damit die gewünschten Ergebnisse erzielt werden. Dies zeige sich auch in den fragwürdigen Interpretationen der Beweise und Ähnlichem, die sehr wirr und oft auch unlogisch wirken würden.

Die durch die Vorfälle aufkommende Kritik am Staat, in einen Komplott verwickelt zu sein, scheint also berechtigt. Sie wird jedoch kaum geteilt.

Oft wird Richard, der als Beamter dem Staat die Treue schwur und diesem auch vertraute, aufgrund seiner Vermutungen getadelt. Viele sehen dies als Hirngespinst und versuchen ihm diese Vermutungen auszureden. Vor allem mit Christin diskutiert er dieses Thema mit dem Ergebnis, dass Christin ein Versagen des Staates ausschließt und alleinig Olivers Handlungen kritisiert. Christin appelliert dabei an den Eid des Beamten, den auch sie abgegeben hat und den sie strikt einhalten will.

Neben Christin als Beamte, die einen Komplott klar ausschließt, gibt es noch den Anwalt Feuchtenberger, der offiziell ebenfalls einen Komplott aufgrund seines Amtes als Staatsdiener ausschließt. Er gibt jedoch zu, dass die Umstände und Verhaltensweisen in diesem Fall mehr als merkwürdig seien. Während Feuchtenberger gegenüber Richard Zurek offen von Staatsverschwörung spricht, traut er sich aus Rücksichtnahme auf seine Stellung als Anwalt jedoch nicht, diese Anschuldigungen öffentlich zu erheben.

Der Roman zeigt somit verschiedene Sichtweisen auf diesen mysteriösen Vorfall auf. Dem Leser wird über die genannten Tatsachen und die Identifikation mit dem Ehepaar Zurek allerdings die Variante des Staatskomplotts glaubhaft suggeriert. Immer wieder ist davon die Rede und selbst Beamte höheren Amtes sprechen davon und halten sich nur aufgrund ihres Eides und der daraus resultierenden Angst vor Konsequenzen zurück. Die Meinung Christins dagegen, die den Staat aus der Schuld herausnimmt, ändert dieses Bild kaum. Die Kritik des Staates überwiegt einfach zu sehr und somit bekommt der Leser ein Bild eines Staates, der stark gegen das Rechtsstaatsprinzip und die Demokratie verstößt. Das liegt vor allem daran, dass dem Leser deutlich vor Augen geführt wird, dass eine Beeinflussung des Staates in Hinblick auf die Obduktionen und auf die Interpretationen der Richter wahrscheinlich ist. Der Staat versucht mit allen Mitteln, sein sauberes Image zu bewahren, und handelt gegen seine Grundprinzipien, um ein Versagen am Bahnhof von Kleinen zu vertuschen. Somit versagt der Staat aber nur noch mehr, was Hein in dem Roman deutlich darstellt und kritisiert.

Diese Kritik wird sogar noch weitergeführt. Obwohl alle rechtlichen Wege, Gerechtigkeit zu erhalten, von Zurek gegangen werden, wird dieser immer wieder enttäuscht und kann seine Niederlage schon hervorsehen. Man kann also nicht auf sein Recht bestehen, wenn es dem Staat in irgendeiner Weise schaden würde. Das Schlussurteil im Buch, das sogenannte „non-liquet-Urteil" (vgl. S. 260), zeigt höchstens einen ernüchternden Erfolg. Trotz des Strebens nach Gerechtigkeit und der im Buch dargestellten Rechtmäßigkeit dieser Bemühungen, wird nur ein Urteil gefällt, das bestenfalls juristischen Stellenwert besitzt. Der Staat hat offiziell keinen Schaden erlitten und steht nur bei Kennern des Rechtes als Verlierer da und Oliver Zurek wurde nur nach akademisch spitzfindigem Rechtsverständnis von jeder Schuld freigesprochen, Folgen zieht dieses Urteil jedoch nicht nach sich. Es kommt sogar noch hinzu, dass der früher staatstreue Lehrer Richard Zurek sich seines Beamteneids entbindet, um seine Enttäuschung über den Staat öffentlich zu machen. Ein Extrembeispiel für den Staat, der selbst im Rechtsstaat juristisch unantastbar bleibt und kaum mit Konsequenzen rechnen muss.

Alles in allem ist also eine scharfe Kritik an dem System der Demokratie und des Rechtsstaats der Bundesrepublik Deutschland zu erkennen. Der Staat, der sich diesen Prinzipien unterordnen sollte und deren Einhaltung auch offiziell propagandiert, schaltet nach Hein diese Prinzipien in Situationen, die den Staat auch nur geringfügig schaden könnten, einfach aus. Dieser kommt damit durch und selbst die Medien unterstützen oft die Richtigkeit dieses Betrugs. Auch die breite Masse denkt nicht ernsthaft über ein derartiges Versagen des Staates nach und akzeptiert solche Vorfälle. Falls es dennoch Probleme in solchen Situationen geben sollte, nimmt der Staat nach Hein trotzdem keinen Schaden und es kommt wie in diesem Beispiel zu einem „non-liquet-Urteil".

Hein kritisiert also vor allem den Staat, der in seinem offiziell demokratischen System gewisse Prinzipien dieser Gesellschaftsform bricht, um die Souveränität zu wahren, auch wenn das zu Lasten einiger weniger geht.

Rolle der Medien

Die Schilderung der Medien- und Berichterstattung rund um Olivers Tod nimmt einen großen Raum in dem Roman ein. Dabei kommen den Medien verschiedene Aufgaben zu.

Die wichtigste Aufgabe der Medien in dem Roman ist die Informationsverbreitung: Vor Olivers Tod schaut sich das Ehepaar regelmäßig die Nachrichten an, um zu erfahren, ob Oliver noch lebt bzw. ob er sich noch in Freiheit befindet. „Wann immer der Radiosprecher oder die Damen im Fernsehen mit teilnahmsloser, ernster Stimme über einen neuen terroristischen Anschlag sprachen, hatten sie atemlos gelauscht und noch spät in der Nacht die Nachrichten eingeschaltet, um die neuesten Meldungen zu hören. Nach solchen Meldungen kaufte Richard Zurek am nächsten Morgen beim Zeitungshändler im Supermarkt mehrere Zeitungen [...] und angstvoll und rasch blätterten sie daheim in dem Papier, immer darauf gefasst, das Bild ihres Sohnes zu sehen, seinen Namen zu lesen, zu erfahren, dass er verhaftet worden sei." (S. 40) Somit wird deutlich, dass Fernsehnachrichten und Zeitungsberichte die zentralen Nachrichtenquellen der Zureks sind und dass die Abhängigkeit dieser Medien im Verlauf des Romans nicht abnimmt, da die Zureks nie Informationen direkt von einem Vertreter des Staates erhalten. Richard behauptet jedoch, dass die Meldungen größtenteils nicht stimmen würden und dass sich die Journalisten viel ausdenken würden. „Nichts wissen sie, gar nichts. Sie schreiben einfach, was ihnen einfällt." (S. 54) Wenn die Meldungen der Sichtweise der Zureks entsprechen, fühlen sie sich bestätigt und betrachten diese dann nicht mehr kritisch.

Kritisch und objektiv sollte normalerweise eine Zeitung sein, doch die Presse im Roman übernimmt bis auf wenige Ausnahmen (z.B. kurz nach Tod Olivers; Händewaschen Olivers (S. 123)) die Versionen der Gutachten und somit auch fast immer die des Staates. Das liegt daran, dass sie ebenfalls vom Staat abhängig ist, da sie von ihm die neusten Informationen über die Aufklärung des Terroristentodes erhält.

Trotzdem beschuldigt der Staat die Medien für die verschiedenen Meldungen über den Tathergang. Beispielsweise stärkt der Bundeskanzler angesichts eines neuen Gutachtens, das belegen soll, dass Oliver doch Selbstmord begangen habe, dem Bundesgrenzschutz von Kleinen den Rücken. „Er verteidigte die Beamten gegen die Verurteilung durch eine linke Kampfpresse, wie er sich ausdrückte, die aus einem Mörder einen Märtyrer zu machen suche." (S. 93) Dabei entsprechen die Informationen der Presse immer dem aktuellen Ermittlungsstand. Komisch ist auch, dass das Bundeskriminalamt und die Polizeiführung Wochen nach dem Vorfall in Kleinen eine Informationssteuerung verlangen, „um die Krise auf eine professionellere Weise zu bewältigen." (S. 113), obwohl Karin Gloedel schon viel früher bemerkt, dass diese verhangen wurde. „Die Bundesanwaltschaft habe umgehend eine Nachrichtensperre verhängt, was nicht eben für einen Willen zur Aufklärung und Transparenz spreche." (S. 51) Wenn dies wirklich der Wahrheit entspricht, belegen die vorigen Beispiele, dass der Staat versucht, die eigene Schuld auf die Medien abzuschieben. Sollten sich Teile der Presse dennoch objektiv verhalten und nicht nur der Staatssicht entsprechen bzw. sich kritisch gegen den Staat äußern, hat dies sofort Konsequenzen. Zum Beispiel wird gegen eine Zeitung ermittelt, die die GSG 9 mit „Todesschwadronen in Südamerika" (S. 134) vergleicht. Aus diesem Grund sind auch alle anderen Medien mit dem Abschlussbericht einverstanden.

Die Medien sind für die Zureks jedoch nicht nur eine Informationsquelle, sondern auch eine schwere persönliche Belastung. „Diese Journaille ist wie ein Krebsgeschwür, wuchernd und tödlich giftig" (S. 183) Die Presse mit all ihren Beleidigungen setzt dem Ehepaar körperlich wie mental zu und nimmt keine Rücksicht auf es: Friederike muss aufgrund ihrer gesundheitlichen Probleme ins Krankenhaus und Richard bekommt Herzschmerzen (S. 54), die er nicht zugeben will. Richard behauptet, dass die Nerven blank liegen würden, da er jeden Tag zusätzlich zu der Trauer in der Zeitung seinen Namen lesen würde und das einfach nicht verkraften könne. (S. 112) Nicht zuletzt verfolgen ihn „die marktschreierischen Überschriften, der schrille, aufdringliche Ton der Schlagzeilen [...]. Sogar in seinen Träumen erschienen ihm diese Zeilen, er würde sie sein Leben lang nicht vergessen." (S. 37). Um seine Frau davon zu verschonen, versteckt Richard besonders beleidigende Zeitungsartikel vor ihr. (S. 38, S. 116). Er selber spricht nie mit Journalisten und kommuniziert nur an einer Stelle mit ihnen und das auch nur über seinen Anwalt. (S. 98) Vermutlich ist er sich im Klaren darüber, dass jedes Wort, das er vor der Presse äußert, falsch interpretiert werden und somit gegen ihn verwendet werden könnte.

Bei der Entscheidung, ob Richard und Rike Zurek eine neue Klage einreichen sollen, ist das eigentliche Gegenargument für sie die Angst, wieder im Mittelpunkt der Medien zu stehen. „Die Presse wird wieder über uns herfallen, und wenn wir aus dem Haus gehen, werden sich die Leute nach uns umdrehen." (S. 36) Auffallend ist, dass die Medien einen sehr großen Einfluss auf die Nachbarn der Zureks haben. Beispielsweise fühlt sich Richard beobachtet, als er nach dem Tod Olivers erstmals wieder aus dem Haus geht, (S. 53) und als man für kurze Zeit doch von Olivers Ermordung ausgeht, „sprechen ihn sogar Leute an, die er lediglich vom Sehen kannte, äußern ihr Mitgefühl und zeigen sich bestürzt über das Vorgehen des Polizeiapparates." (S. 59) Dies führt auch zum Rückzug der Zureks ins Private. Obwohl bereits „vierzehn Tagen (nach der Beerdigung) das Interesse der Journalisten an dem Fall erloschen" (S. 123) ist, verändert sich diese Privatisierung nicht mehr.

Wichtig ist aber auch, dass man nicht alle Zeitungen pauschalisieren sollte, da in dem Roman, wenn auch sehr selten, Unterschiede zwischen verschiedenen Arten gemacht werden: Während sich die Zureks auf der Beerdigung von ihrem Sohn verabschieden und Erde auf den Sarg werfen, werden sie von mehreren Journalisten fotografiert. Als einer der Besucher am Grab die „geballte Faust hochreckt" und Rache für den Tod Olivers verkündet, entsteht „ein wahres Blitzlichtgewitter." (S. 121) Am folgenden Tag wird in fast allen Zeitungen über die Beerdigung berichtet: „Einige Blätter druckten ein Foto von Friederike und Richard Zurek am Grab, die meisten Zeitungen zeigten junge Leute, die am offenen Grab ihrer Empörung Ausdruck gaben." (S. 122) Hieraus lässt sich schließen, dass die seriöseren Zeitungen ein anderes Vorgehen haben als die Boulevard-Presse. Letztere ist interessiert an spektakulären Bildern und nicht an still trauernden Eltern, da durch diese der politische Aspekt mehr in den Vordergrund gerückt wird, was aufsehenerregender ist und somit mehr Leser erreicht. Dies sieht man auch an folgendem Beispiel: Die „drei großen Zeitungen des Landes" berichten seriöser, indem sie „Fragen und Zweifel in den Mittelpunkt stellen" (S. 254). Trotzdem erfolgt die „Unterrichtung der Öffentlichkeit" (S. 254) durch die Boulevard-Zeitungen mit „marktschreierischen Überschriften" (S. 37) wie „Die Mutter des Killers", „Der Vater des Mörders ist der Lehrer unserer Kinder." (S. 116) oder „Geldgier der Eltern des Terroristen." (S. 254)

Insgesamt lässt sich sagen, dass die Medien die Trauerarbeit der Familie verlängern und gleichzeitig verstärken, da sie nicht nur Druck auf die Familie ausüben, sondern auch die Öffentlichkeit so lenken können, dass diese entweder Mitgefühl oder Verachtung für die Zureks aufbringt.

Die Darstellung der ständig manipulierenden und zermürbenden Druck aufbauenden Berichterstattung der Medien verweist deutlich auf die BILD-Zeitung des Springerverlags und erinnert stark an die literarische Auseinandersetzung mit der Medienarbeit in der Bundesrepublik Deutschland in den siebziger Jahren (exemplarisch seinen hier Günter Wallraff und Heinrich Böll genannt). Diesen Zusammenhang betont Hein zusätzlich durch den Namen der Figur Katharina Blumschläger, die an die tragische Figur der Katharina Blum von Heinrich Böll erinnert. Hein gibt durch diese Darstellung zu bedenken, dass sich die Berichterstattung der Medien in der Bundesrepublik Deutschland im Vergleich zu den siebziger Jahren nicht verändert habe: Freie Berichterstattung in einer Demokratie entlarvt sich als Scheinfreiheit und die Medien sind nicht mehr und nicht weniger als ein willfähriges Instrument ökonomischer und machtpolitischer Interessen.

Trauerverarbeitung

In dem gesamten Roman geht es um das Weiterleben eines Ehepaares nach dem Tod ihres Sohnes. Zwar leben die Eltern schon vor dem Tod Olivers in Angst und Schrecken um ihn, da dieser durch seine terroristische Tätigkeit bei der RAF untertauchen musste und so keinen Kontakt mehr zu seinen Eltern halten konnte, jedoch sitzt der Schock des tatsächlichen Todes tief.

Die bis zum Untertauchen ihres Sohnes und vor allem in der Kindheit herrschende heile Welt zerbricht vollkommen (vgl. die Gestaltung des Buchcovers: Der Garten der früheren Kindheit hält den Erwartungen und dem Handeln des Kindes nicht mehr stand und es springt von der Schaukel ins Leere.) und alles ändert sich für das Ehepaar. Die Treue Richards gegenüber dem Staat wird durch die Liebe zu seinem Sohn abgelöst, die er, nachdem Oliver starb, zu ihm aufbaut. Er will das nachholen, was er leider nicht gemacht hat, als Oliver noch lebte: Etwas über ihn erfahren. Dies wird ihm zu spät bewusst, nämlich erst nach diesem einschneidenden Erlebnis.

Schon vor Olivers Tod zeigt sich, dass Richard und Rike Angst vor dem Tod ihres Sohnes und den damit verbundenen Schmerzen haben. Als ihr Sohn tatsächlich stirbt, wird ihre Trauer durch die quälenden Gedanken, ihr Sohn habe einen Polizisten getötet, verstärkt. Jedoch herrscht auch eine gewisse Erleichterung, die das Ehepaar jedoch vorerst nicht wahrhaben will. Vor allem bei Rike lässt die Angst um ihren Sohn nach und sie fühlt sich schon bald ausgeglichener (S. 104, Z. 14-17). Dies wird auch darin deutlich, dass Rike vor Olivers Tod einen Asthmaanfall erleidet. Wahrscheinlich ausgelöst durch den Stress und die innere Unruhe (S. 116, Z. 19ff). Nachdem ihr Sohn gestorben ist, kommt dies nicht wieder vor (obwohl die meisten Menschen nach dem Tod einer geliebten Person anfälliger für Krankheiten durch Stress und Trauer sind).

Kurz nach Olivers Tod befindet sich das Ehepaar in einem Zustand des Schocks (S. 43: „Sie bewegten sich durch ihr Zimmer, als glitten sie auf einer spiegelglatten Eisfläche."). In dieser ersten Phase der Trauer wollen sie den Tod ihres Sohnes nicht wahrhaben und mit niemandem darüber sprechen. Richard, Rike und ihre Kinder sind jedoch füreinander da (besonders Richard und Rike unterstützen sich gegenseitig, ohne viel zu sagen, z.B S. 57, Z. 17,18). Nichts ist mehr, wie es einmal war, alles kommt ihnen anders vor. Nicht nur das Verhalten der Mitbürger, sondern die gesamte Stadt hat sich verändert (S. 53). Außerdem kommen Fragen bei Rike und Richard auf, die sie selbst nicht beantworten können (S. 82, Z. 4-9). Schon dies zeigt, dass der Tod zu Veränderungen im Leben führt, was aber gegen Ende noch deutlicher wird. Zu diesem Zeitpunkt befinden sich die Zureks also in einer Art Ohnmachtszustand (z.B. S. 122 „sie weinten nicht, sie hielten sich nur minutenlang in den Armen").

Auch das Medieninteresse und die Zweifel und Unklarheiten bezüglich Olivers Tod erschweren die Trauerarbeit. Bei Richard führt diese Beeinflussung durch die Medien sogar zu gesundheitlichen Schäden (S. 37). Durch sie wird die Familie zusätzlich belastet. Der Tod Olivers wird zu einer Sache der Öffentlichkeit, obwohl Richard und auch Rike den Tod als Privatsache behandeln möchten. Dies wird auch darin deutlich, dass Richard nicht seinen Sohn rächen will. Beim Verklagen des Staates geht es ihm nur um sich selbst. Er will mit seinem Sohn und sich ins Reine kommen. Deshalb versucht er auch durch die Bücher, welche Oliver während der Zeit, als er der RAF angehörte, gelesen hat, so viel wie möglich über seinen Sohn und seine Einstellung zu erfahren. Er und seine Frau führen den Prozess nur, um den Tod ihres Sohnes ein für alle Mal zu klären. Diese „Privatangelegenheit" wird auch in der Erzählweise des Romans deutlich. Es wird ausschließlich aus der Sichtweise von Richard und Rike erzählt (wie sie sich privat verhalten usw., vgl. Kapitel 8). Außerdem löst das umständliche und langwierige Erzählen von Hein Niedergeschlagenheit und Freudlosigkeit beim Leser aus. Dies spiegelt die Gefühle des trauernden Ehepaares wieder.

Nun kommt es zur nächsten Phase der Trauerverarbeitung: Die Schuldsuche. Anfangs sucht vor allem Richard die Schuld bei sich selbst (S. 80, Z. 11-15). Das Ehepaar fragt sich, was sie falsch gemacht haben und sie quälen sich selbst, indem sie sich einreden, versagt zu haben. Nachdem der erste Schock überwunden ist, klammern sie sich jedoch verzweifelt daran, dass der Staat sich gegen sie verschworen hat. Polizei und Justiz seien daran schuld, dass Oliver in die falschen Bahnen geriet und schließlich sterben musste.

Die 3. Trauerverarbeitungsphase ist das Verdrängen des Todes Olivers. Die Zureks lenken sich durch alltägliche Arbeiten ab und können den Tod noch immer nicht wirklich verarbeiten.

Erst später beschäftigen sie sich wirklich mit dem Tod ihres Sohnes. Sie suchen frühere Aufenthaltsorte des Verlorenen auf und erinnern sich an Erlebnisse der Vergangenheit. Dabei kommt es langsam zu einem Akzeptieren des Verlustes (S. 68, Z. 15-19, Zureks besuchen Katharina Blumenschläger, gehen immer wieder in Olivers Zimmer, lesen seine Bücher und fahren nach Kleinen). Dabei werden sie jedoch von den Medien behindert. Aus Angst vor der Öffentlichkeit und den Reportern suchen sie den Todesort ihres Sohnes, Kleinen, erst 5 Jahre nach dessen Tod auf. Das heißt, dass Richard und Rike den Tod Olivers auf Grund der Medienpräsenz nur langsam verarbeiten können. Durch die Beerdigung können die meisten Trauernden mit dem einschneidenden Erlebnis des Verlustes abschließen. Die Angehörigen begreifen, dass der Tod die Realität ist – nicht so bei Richard. Für ihn ist das Grab nur zur Erinnerung da. Im Gegensatz zu Rike verbindet er nichts Besonderes damit (S. 140/ 141). Erst am Ende, als er erfährt, dass Oliver schuldlos ist, „beerdigt" er sozusagen seinen Sohn. Nicht im Grab, sondern in seinem Herzen. Erst zu diesem Zeitpunkt wird der Tod seines Sohnes für ihn zur akzeptierten Realität. Während Rike nach den vielen Gesprächen mit ihren Kindern und ihrem Mann und durch Erinnerungen an die Vergangenheit (insbesondere an die Kindheit) mit dem Tod ihres Sohnes weitestgehend abschließen kann (S. 241, Z. 10,11), gelingt dies ihrem Mann erst durch die Widerrufung seines Amtseids. Erst bei der letzten Beschwerde gegen den Staat wird ihm klar, dass Oliver tot ist und er ihn nicht wieder ins Leben zurückholen kann. Er kann begreifen, dass sein

Sohn nicht mehr lebt und das ist das Wichtigste im Prozess der Trauerverarbeitung. Danach kehren die Realität und der Alltag wieder ein. Hierbei handelt es sich um die letzte Phase der Trauerverarbeitung. Anklagen, Schmerzen und Vorwürfe verstummen und das Leben geht weiter. Die Trauernden haben ihre innere Ruhe wiedergefunden.

Sehr deutlich wird in dem Roman auch, dass der Tod eines Menschen Veränderungen im Leben der Überlebenden auslöst. Richard zweifelt am Staat und der Demokratie, stellt sich am Ende sogar gegen sie, obwohl er sich vor Olivers Tod für sie eingesetzt hat (Durch die Trauer hat sich seine bisherige Identität als staatstreuer Beamter aufgelöst.). Auch die Sprache Richards verändert sich. Anfangs beschuldigt er Gerd Schmückle und auch Frau und Kinder wegen der Benutzung von Schimpfwörtern, später verwendet er sie selbst.

Heiner verarbeitet seine Trauer um Oliver ähnlich wie sein Vater. Auch er will die Ursache für Olivers Tod herausfinden. Er will herausfinden, ob sein Bruder schuld war oder nicht und er will herausfinden, wie er gestorben ist (S. 94, 95). Er verfolgt dieses Ziel (Ende der Trauerarbeit) zwar nicht ganz so drastisch wie Richard, unterstützt diesen jedoch in seinen Entscheidungen und verfolgt den Prozesshergang mit. So ist er beispielsweise beim letzten Prozess zur Erstattung der Begräbniskosten dabei.

Christin hingegen geht vollkommen anders mit dem tatsächlichen Tod ihres Bruders um. Sie ist nicht schockiert, trauert nicht besonders viel und will so schnell wie möglich nichts mehr damit zu tun haben. Sie braucht im Gegensatz zu ihren Eltern nicht die familiäre Nähe und die Unterstützung zur Verarbeitung des Verlustes (S. 46, Z. 12-17). Auch die Beerdigung braucht sie nicht, um Abschied von Oliver zu nehmen, sondern um den „Belästigungen" von Presse und den Fragen über Oliver ein Ende zu machen (S. 77, S. 78, Z. 4, 5). Christin hat schon vorher mit Oliver abgeschlossen; für sie ist er schon früher gestorben (vgl. S. 178). Nachdem Oliver untergetaucht war, hat sie um ihn getrauert und das Entfremden verarbeitet (genau wie Richard und Rike jetzt). Sein Untertauchen symbolisiert für Christin seinen Tod (vgl. S. 102). Für sie waren die Jahre nach dem Verschwinden ihres Bruders wie ein Alptraum. Richard und Rike „erfahren" diesen Alptraum jetzt, nach Olivers Tod (vgl. S. 102, S. 180).

Schuldfrage

Wer Christoph Heins Roman „In seiner frühen Kindheit ein Garten" gelesen hat, wird bemerkt haben, dass die Frage nach der Schuld an Oliver Zureks Tod und dessen Abrutschen in die Terrorismusszene im Vordergrund stehen.

Der Roman gibt darauf jedoch keine Antwort. Vielmehr stellt Christoph Hein in seinem Werk die Frage nach der Schuld an Olivers Tod. Somit liegt es beim Leser selbst, dieses für sich persönlich zu beantworten.

Der Roman bietet dem Leser zur Beantwortung der Frage nach der Schuld an Olivers Tod mehrere Möglichkeiten. Meiner Meinung nach kann man die Frage nicht eindeutig beantworten, denn die Schuld an Oliver Zureks Tod ergibt sich aus mehreren Faktoren.

Die Spurensuche nach der Schuld an Olivers Tod beginnt bereits, bevor man das erste Kapitel des Romans zu lesen beginnt, denn als Leser stößt man zunächst auf ein Zitat von Iris Murdoch aus dem Roman *„Der Schwarze Prinz"*. Darin heißt es: „Es gibt glückliche Kinder, die in ihrer frühen Kindheit einen Garten, eine Landschaft ihr Reich nennen können." Der Garten taucht nicht nur im Titel des Romans auf, sondern spielt auch, wenn es um Olivers Entwicklung geht, eine entscheidende Rolle. In seiner Kindheit besaß er tatsächlich einen solchen Garten, den er sein Reich nennen konnte und in dem er, wie es aus den Geschichten seiner Mutter Friederike und Olivers Schwester Christin zu erkennen ist, eine schöne Kindheit hatte und der ihm viele freudige Stunden bescherte. („In einem Verschlag über dem Stall hielten sie Tauben, und in dem winzigen Garten, in dem sie in den allerersten Jahren Kartoffeln und Kohl angebaut hatten, spielten später der kleine Oliver mit seinem Bruder und seiner Schwester, sobald diese aus der Schule zurückkamen" S. 266 – 267)

Dies macht die Frage danach, wie es dazu kommen konnte, dass Oliver zu einem Terroristen wurde, noch schwerer zu beantworten, weil man in der Regel mit einem Terroristen keine glückliche Kindheit verbindet.

Ich denke, dass hier die Erziehung des Vaters eine große Rolle spielt. Er selber behauptet, dass er seine Schüler und Kinder stets auf eine Gesellschaft vorbereitet hat, die nur in seinen Gedanken existiert habe. („Ich habe jahrzehntelang in einem Land gelebt, von dem ich offenbar nie etwas begriffen habe. Ich habe mein Leben lang meinen Schülern Dinge beigebracht, die völlig unsinnig sind." S.144) Auch das blinde Vertrauen auf die Demokratie und den Rechtstaat, das er versuchte, an die jüngeren Generationen weiterzugeben, spielt bei Olivers Entwicklung zu einem Terroristen eine entscheidende Rolle. („Bei aller Kritik, und Schüler sind darin nicht zimperlich, wie du selber erfahren haben wirst, hat zu gelten, diese Demokratie muss verteidigt werden. Und ich habe diesen Staat immer verteidigt, genauso wie du jetzt, Christin. Aber heute bin ich nicht mehr sicher, ob ich recht daran getan habe." S.224)

Als Oliver zu Unrecht von der Polizei verhaftet wird und sich ein halbes Jahr unschuldig in Untersuchungshaft befindet, bekommt er die Realität des Staates, in dem er lebt und dessen Machtapparat, zu spüren. Im Zusammenhang mit der utopischen Vorstellung, die durch die Erziehung des Vaters entstanden ist, entsteht bei Oliver auf Grund dieser Verhaftung eine extreme Enttäuschung von der Gesellschaft. Deshalb dreht er dieser den Rücken zu. („Er erzählte, wie er unter einem falschen Verdacht für ein halbes Jahr inhaftiert worden war und bald danach in den Untergrund abtauchte." S. 267)

Betrachtet man in diesem Zusammenhang Olivers Charaktereigenschaften, wie der Drang nach Gerechtigkeit und Wahrheit, lässt sich verstehen, wie es dazu kommen konnte, dass Oliver Zurek sich gegen den Staat stellte, in dem er lebte. („Er sprach über den jungen Oliver, über dessen Wahrheitsliebe und das ausgeprägte, unabdingbare Rechtsgefühl des Knaben, den die so gebrechliche und unvollkommene Welt unablässig beschäftigt hatte." S.120)

An dieser Stelle kommen nun Olivers Freunde ins Spiel, die von mehreren Figuren in Christoph Heins Roman als ausschlaggebender Faktor auf Olivers Weg vom normalen Bürger zum Terroristen bezeichnet werden. („Ja. Oliver war mit ihm befreundet, das glaube ich jedenfalls. Ein fataler Mensch, dieser Schmückle." S. 25) Sie zeigten Oliver einen Weg, sich für die Ungerechtigkeit, die der Staat ihm zufügte, zu rächen und so die Gerechtigkeit zu erlangen, die ihm zuvor verwehrt geblieben war. Dass Unzufriedenheit und Enttäuschung ein guter Nährboden für radikale Gedankengüter bilden, zeigte die Vergangenheit in Deutschland bereits Anfang des 20. Jahrhunderts. Zwar kann man die Ideologie der RAF nicht mit den Wahlversprechen Adolf Hitlers vergleichen, jedoch wie sich die Bevölkerung Verbesserungen davon versprach. Hier besteht die Parallele zu Oliver Zurek, denn durch die tiefe Enttäuschung, die er durch seine unberechtigte Haftstrafe erfuhr, war er anfällig für das radikale Gedankengut der RAF-Mitglieder. („Die falschen Freunde, die falschen Bücher, die falschen Zeitungen." S. 219)

Auch die Öffentlichkeit spielt eine wichtige Rolle bei Olivers Entwicklung. Durch die Medien wurde er nach seiner Verhaftung sofort als Terrorist betitelt. Die Folgen dieser schnellen Verurteilung durch die Medien sieht man in den Menschen, die Richard Zurek auf den Tod seines Sohnes ansprechen. Alle von ihnen vertreten lediglich die Meinung, die sie in den Tageszeitungen und Fernsehberichten zu sehen bekamen.

Der Roman wirft auch die Frage auf, welche Schuld der Staat an Oliver Zureks Verurteilung zum Terroristen trägt. Dem Staat wird vorgeworfen, Beweise zu vernichten oder zurückzuhalten, um somit die Ermittlungen im Fall Zurek zu behindern. („Hier ist ein Unrecht geschehen, ein Gericht hat dieses Unrecht als Recht erklärt. [...] Sie wollen den Staat nicht in eine peinliche Verlegenheit bringen" S. 228-229)

Ich denke, dass all diese Faktoren gemeinsam die Schuld an Olivers Tod tragen. Beim Lesen des Romans fällt auch auf, dass die Beziehung zu Oliver auch die Frage nach der Schuld für seine Entwicklung bestimmt. Alle, die keine familiäre Bindung zu Oliver haben, sehen die Schuld nur bei Oliver selbst. Sie bilden ihre Meinung durch die Berichterstattung der Medien, die Oliver von Anfang an als schuldigen Terroristen darstellen. Die Medien berichten zwar kurzzeitig, dass Oliver kein Mörder sei, aber als der erste Abschlussbericht der Staatsanwaltschaft erscheint, stellen sie Oliver sofort wieder als den schuldigen Terroristen und Mörder dar.

Christin sieht die Schuld an Olivers Tod und dessen Anschluss an die RAF-Szene bei ihrem Bruder selbst und dessen Freunden. Obwohl sie ein Familienmitglied Olivers ist und von daher eine sehr enge Bindung zu ihm haben sollte, vertritt sie mehrfach die Meinung der Medien und der Öffentlichkeit. Dies liegt daran, dass sich der Weg der beiden schon vor Olivers Abtauchen trennte. Nicht nur räumlich entfernten sie sich voneinander, sondern auch emotional. („Ich kam nicht mehr an ihn heran, er blockte alles ab." S. 221) Immer wieder kam es zu Streit und großen Meinungsverschiedenheiten zwischen den Geschwistern. Der Hauptgrund für die Diskussionen zwischen Christin und Oliver waren Olivers Ideologie und sein Hass auf den Staat und dessen Gewalten. Das einzige Familienmitglied, das Olivers Ideologie teilt, ist Heiner, sein jüngerer Bruder. Heiner, der eine sehr enge Bindung zu seinem älteren Bruder Oliver hatte, wollte diesen sogar bei seinem Rachefeldzug gegen den Staat begleiten. („Ich musste ihm im Wald feierlich versprechen, mich niemals an illegalen Aktionen zu beteiligen. [...] Ja, denn damals war ich zu allem bereit. Das Leben, das ich heute leben darf, verdanke ich eigentlich Oliver. Er hat mich davor bewahrt, das ich auch [...]" S. 236 - 237) Oliver verbat es ihm jedoch mit der Begründung, dass sie nicht beide ihre Eltern verlassen könnten. Olivers Vater sucht die Schuld am Tod seines Sohnes zunächst bei sich selbst. Er begründet dies mit der Tatsache, dass die Überlebenden sich den Verstorbenen gegenüber stets schuldig fühlen. Als Beispiel nennt er hier die Überlebenden der Konzentrationslager. („Heute weiß ich, dass jeder, der einen Menschen überlebt, der vor seiner Zeit gestorben ist, mit dieser merkwürdigen Schuld zu tun hat. Der Tod vor der Zeit macht uns schuldig. Macht mich schuldig [...]." S. 80–81) Richard Zurek verändert sich im Laufe der Handlung. Zu Beginn seiner Spurensuche sucht er die Schuld an Olivers Tod noch bei sich. Ich denke, dass es ihm am Ende des Romans nicht mehr darum geht, einen Schuldigen zu finden, was ohnehin unmöglich ist. Vielmehr geht es ihm um die Bestätigung, dass sein Sohn kein Selbstmörder und vor allem auch kein Mörder ist. Richard Zurek verliert auch sein blindes Vertrauen in den Staat, in dem er lebt, und beginnt, diesen zu kritisieren. („Es ist nicht allein die Presse. Sie lügen alle. Die Staatsanwaltschaft, die Polizei, die Gutachter, der ganze Staat. Es ist wie eine riesige Verschwörung. Wie eine Eiterbeule." S.183)
Dies wird deutlich, als er seinen Eid, den er als Beamter geschworen hatte, widerruft. („Da der Staat aber seine eigenen Gesetze nicht wahrt, bin ich von meinem Amtseid entbunden." S.268)
Ich denke, dass man an den verschiedenen Meinungen über Olivers Tod, die selbst in dessen Familie bestehen, erkennt, wie schwer es ist, diese Frage zu beantworten. Hein übergibt sie bewusst dem Leser und zwingt diesen zu einer Beantwortung, wobei angemerkt werden muss, dass er durch seinen Roman bereits eine Antwort intendiert, die Oliver selbst ent- und die Staatsmacht belastet.

---

11. Rezensionen

von Adrian May

Als ich davon erfuhr, dass unser Deutschkurs einen Roman über die Geschichte der RAF lesen würde, war ich sehr gespannt und erfreut. Selten werden historische Themen jenseits des Nationalsozialismus im Unterricht behandelt, umso interessanter erschien für mich die Tatsache, ein Buch über den Terrorismus im Ost-West-Konflikt zur Zeit des Kalten Krieges zu lesen. Meine Vorstellungen zielten auf einen spannenden Politkrimi hin, der zum Einen die innenpolitischen Spannungen der BRD beleuchtet und zum Anderen eben die Vorgehensweise der Terrorvereinigung RAF am Beispiel von ganz speziellen Persönlichkeiten erklärt.

Was mich jedoch erwartete, war ein aus einem interessanten Thema extrahiertes langweiliges Unterthema, das das Leben eines biederen Mannes namens Richard Zurek und seiner Frau nach dem Tod ihres (Terroristen-)Sohnes beschreibt. Und man mag es kaum glauben: Christoph Hein schafft es tatsächlich, diesen Aspekt über 271 Seiten mit einem eintönigen Schreibstil auszudehnen. Dies ist für mich einer von zwei Gründen, weshalb dieser Roman nicht in den Fächerkanon gehören sollte, da er nicht das Interesse der Schüler für ein wichtiges Kapitel deutscher Geschichte erweckt.

Zweitens scheint es so, als ob Hein die RAF beschönigen und die BRD kritisieren wolle. Besonders wird dies an folgendem Beispiel deutlich: Zurek unterhält sich an jenem Bahnhof, an dem sein Sohn erschossen wurde, mit einer Bahnbeamtin. Beide haben unterschiedliche Ansichten, zum Einen Zurek, der seine wahre Identität und sein Verhältnis zu Oliver Zurek nicht preisgibt. Er hält seinen Sohn für unschuldig. Die Beamtin jedoch bezeichnet ihn als Terroristen. Die Darstellung der beiden Charaktere ist in deren Attributen und stilistisch so angelegt, dass Hein seine persönliche Meinung indirekt preisgibt: Zurek, der glaubwürdige Akademiker, der seinen Sohn verteidigt, und die schon fast als verrückt dargestellte Bahnbeamtin, die kurz vor der Entlassung steht und die „wahnsinnige" Behauptung aufstellt, Oliver Zurek sei ein Terrorist gewesen. Welchem Charakter glaubt man bei dieser Darstellung als unvoreingenommener Leser wohl eher?

Zwar behauptet Hein an keiner Stelle explizit, dass die RAF etwas Gutes an sich habe, doch kann er die im Subtext mitschwingende Botschaft nicht leugnen. Auch der BRD verpasst Hein das Siegel des Polizei- und Überwachungsstaates, welches unter den damaligen Gegnern der BRD Hauptargument für ihre Aktivitäten war. Deutlich wird dies, als die Presse Herr und Frau Zurek massiv belästigt, um ihre Sensationen für die Nachrichten zu bekommen. Als ich dies gelesen hatte, dachte ich sofort an den Bombenanschlag der RAF auf das Hamburger Springer-Hochhaus 1972, dessen Verlag

Herausgeber der auch heute noch wegen ihrer Unsachlichkeit kritisierten Bild-Zeitung ist, da die Darstellung der Presse durch Hein in dem Roman sehr der Auffassung der RAF-Terroristen von der Bild-Zeitung beziehungsweise des Springer-Verlags gleicht. Aufgrund dieser Tatsachen verpasst der Roman die Chance, die RAF als Vereinigung von Verbrechern darzustellen.

Dabei hätte Hein nicht einmal die Hauptthematik ändern müssen. Thema hätte weiterhin Oliver Zurek und der Schusswechsel von Kleinen sein können, die Perspektive jedoch eine andere. Mein Vorschlag hierzu wäre gewesen: die Darstellung des Lebens von Oliver Zurek von seiner behüteten Kindheit bis hin zu seiner Entwicklung zum RAF-Terroristen. Dennoch bestünde bei dieser Thematik die Gefahr, dass Hein ihn als Helden darstellt, eben als einen Revolutionär und nicht als einen Verbrecher. Nichtsdestotrotz hätte Hein mit dieser Herangehensweise seine schriftstellerische Klasse viel eher beweisen können, da die Verarbeitung der persönlichen Entwicklung, indem sich Hein in die Psyche Oliver Zureks hineinversetzt hätte, eine viel größere Leistung gewesen wäre. So bleibt der doch monotone Aspekt des Unverständnisses und der Ansicht des Vaters im Sinne von „mein Sohn ist kein Verbrecher". Diese Monotonie ist es eben, die dieses Buch so abwechslungsarm und langweilig macht.

weitere Rezensionen

Hubert Spiegel, Frankfurter Allgemeine Zeitung vom 05.02.2005

Bleierner Tanz
Ein Kohlhaas macht noch keinen Kleist: Der neue Christoph Hein

[...] Das Buch handelt von einem der brisantesten Fälle in der Geschichte der Bundesrepublik, den dubiosen Vorgängen um den Tod des RAF-Terroristen Wolfgang Grams im Sommer des Jahres 1993 auf dem Bahnhofsgelände von Bad Kleinen. Grams, der im Roman Oliver Zurek heißt, wird von einer Sondereinheit des Bundesgrenzschutzes gestellt, es kommt zum Schußwechsel, ein Beamter und Grams finden den Tod. Nun überstürzen sich falsche Erklärungen und Korrekturmeldungen. Zunächst heißt es, Grams habe einen Beamten getötet und sei selbst schwer verletzt ins Krankenhaus eingeliefert worden. Dann stellt sich heraus, daß Grams schon auf den Bahnhofsgleisen tot war und den Beamten nicht getötet haben kann. Auch die nun verbreitete Version vom Selbstmord des Terroristen scheint mehr als zweifelhaft. Es gibt Gutachten um Gutachten, verschwundene Videoaufzeichnungen, eingeschüchterte Zeugen, widersprüchliche Aussagen der beteiligten Beamten.

Schließlich müssen der Innenminister und der Generalbundesanwalt ihren Hut nehmen. Vieles deutet daraufhin, daß Grams mit einem Kopfschuß aus nächster Nähe von einem Beamten getötet, also hingerichtet wurde. Ob es wirklich so war, ist bis heute nicht aufgeklärt.

Nicht der Thriller, der in dem Stoff auch steckt, interessiert Hein, sondern das Drama um Recht, Gerechtigkeit und Staatsräson. Darf die Staatsmacht ihre erklärten Feinde töten oder eine solche Tötung gutheißen oder vertuschen? Welche Opfer darf der Staat vom Einzelnen verlangen, um Schutz und Ordnung für alle zu gewährleisten? Und schließlich: Darf der Staat das Recht beugen, um es zu schützen?

Das sind abstrakte Fragen, die am konkreten Fall verhandelt werden sollen. Hein läßt das Buch nach den Ereignissen in Bad Kleinen einsetzen und erzählt das Geschehen aus der Perspektive der Eltern. Damit entgeht er zwar der Gefahr, die im Reißerischen seines Stoffes lauert, aber es gelingt ihm nicht, dem pensionierten Schuldirektor Richard Zurek und seiner Frau Rike auch nur das kleinste Fünkchen Leben einzuhauchen. Hier wird so bieder und betulich, so umständlich und eintönig erzählt, daß man trübsinnig darüber werden könnte. Aus jedem zweiten Satz rieselt Hoffmanns Gardinenstärke. Statt realistischer Detailgenauigkeit herrscht lebloser Pseudorealismus.

Schlimm genug, aber überdies ist dieses Buch erstaunlich nachlässig geschrieben. Ein Beispiel: Zum ersten Mal seit langer Zeit verbringt das niedergedrückte Ehepaar ein Wochenende in der Großstadt und geht dort sogar tanzen: "Die beiden Zureks waren viele Jahre Mitglieder eines Tangokurses in ihrer Stadt gewesen und genossen es nun, die vertrauten Schritte zu der schmelzenden Musik und den jähen Rhythmen zu schreiten". Die abgenutzte Wendung von der schmelzenden Musik, der Einwand, daß auch Tanzkurse gehobenen Anspruchs in der Regel nicht "viele Jahre" dauern, und Kurse nicht "Mitglieder", sondern Teilnehmer haben - all dies verwundert bei einem Autor von Heins Kaliber, ist aber erst in der Häufung gravierend. Ernst wird die Lage jedoch auf der Stelle, wenn Hein die armen Zureks "Schritte schreiten" läßt. Denn so wie das Ehepaar hier zu tanzen genötigt wird, ist dieses Buch geschrieben: Hein schreitet Schritte und setzt Sätze. Wenn er sie wenigstens einmal werfen würde. Aber nein, alle Figuren müssen hier hölzerne Dialoge aufsagen und steifbeinig ihre Schritte schreiten.

Was Richard und Rike Zurek ertragen müssen, gehört zum Schlimmsten, was Eltern widerfahren kann. Warum berührt uns ihr Schicksal so wenig? Gewiß wollte der nüchterne, sich gern als neutrale Instanz gebende Hein Rührseligkeiten vermeiden. Das ist verständlich, aber warum fährt uns dann das Leid der Zureks nicht mit kalter Schärfe durch Mark und Bein? Warum schlagen die aufgeworfenen Fragen von Recht und Moral keinerlei intellektuelle Funken? Es liegt an der Sprache und daran, daß Hein wohl nie mehr im Sinn hatte, als zu zeigen, daß auch der Rechtsstaat Bundesrepublik fähig sei, seinen Bürgern Unrecht anzutun. Das ist eine These, der zu widersprechen niemandem einfallen würde. Dieser Roman entspricht zwar der schlichten These, nicht aber dem komplexen Stoff, der sie illustrieren soll. Gut möglich, daß jahrelanger Gerichtsstreit den Vater von Wolfgang Grams zum Kohlhaas werden ließ. Aber Christoph Hein ist über diesem Stoff leider nicht zu einem Kleist geworden.

Jens Jessen, Die Zeit vom 03.02.2005

Da ließ Herr Zurek ihn ins Haus
Christoph Heins Buch über den RAF-Terroristen Wolfgang Grams ist kein Roman,
sondern ein frommes Traktätchen für enttäuschte Genossen

„Alle namentlich genannten Personen in dem Buch sind frei erfunden": Selten ist mit dieser augenzwinkernden Juristenformel so schamlos gelogen worden wie in dem neuen Roman von Christoph Hein. Denn tatsächlich handelt es sich um die minutiös recherchierte Geschichte des Terroristen Wolfgang Grams, der 1993 bei seiner Verhaftung in Bad Kleinen unter ungeklärten Umständen zu Tode kam. Es handelt sich um die nachfolgende Geschichte der Eltern, die den Staat zum Eingeständnis der Fahndungspanne zwingen wollten, und um die Geschichte der staatlichen Institutionen, die sich der Verantwortung entzogen, und nichts davon, einschließlich der wachsenden Verbitterung der Eltern, ist frei erfunden. Es ist nur, aber höchst unfrei, allerlei dazu erfunden worden, um aus diesen Geschichten einen Roman machen zu können, der die These belegt, dass die Bundesrepublik am Ende doch ein „Schweinesystem" war, die Terroristen also Recht hatten.

Von dieser Insinuation lebt das Buch; und von sonst nichts. Es gibt keine ästhetischen Anstrengungen, die irgendwo, auf irgendeiner Seite oder in irgendeiner kleinen Metapher etwa auf Kunst zielten, also auf etwas, das die unmittelbar ideologisch-politische Botschaft überstiege. Überall wird mit der größten dramaturgischen, oft sogar grammatikalischen Sorglosigkeit erzählt, bis hin zum offenen Desinteresse an Erzähltechnik und Sprachgestalt. „Pfarrer Härle stand in der Eingangstür des neuen Saals und begrüßte die eintreffenden Mitglieder des Gemeindekirchenrats mit Handschlag." Was will Christoph Hein damit sagen? Liegt etwas Erstaunliches oder auch nur den Pfarrer vage Charakterisierendes in dem Händedruck? Gab es eine Situation zuvor, oder wird sie noch kommen, in der ein Händedruck verweigert wird? Muss oder kann man etwas daraus folgern, dass der Pfarrer an der Eingangstür (nicht etwa Ausgangstür) steht (und nicht etwa sitzt)?

Keineswegs. Der Satz ist in seinem leeren Realismus genauso überflüssig wie die Passage: „Er begleitete Richard Zurek zur Bushaltestelle. An der Glasüberdachung blieben die Männer stehen." Nicht das Geringste geht aus dem Vorhandensein eines Glasdaches hervor und auch nichts daraus, dass sie an der, nicht neben, hinter oder vor der Überdachung stehen bleiben. Der Roman ist bis an den Rand gefüllt mit solchen gedanken- und folgenlosen Sätzen, die weder schön noch bedeutsam, noch in irgendeiner Hinsicht auch nur für die realistische Beglaubigung des Geschehens notwendig sind. „Als er an der Tür klingelte, ließ Richard Zurek ihn ins Haus..." Ja, hätte er ihn nicht ins Haus gelassen, oder hätte er ihn eingelassen, ohne dass er klingelte – dann wäre mit einem solchen Satz vielleicht etwas ausgedrückt. Aber da Heins Sätze niemals etwas ausdrücken, sondern nur etwas (meistens Überflüssiges) mitteilen, drängt sich der Schluss auf: Es geht dem Autor überhaupt nicht um Literatur.

Das aber ist keine überflüssige, sondern höchst folgenreiche Beobachtung. Wenn dem Autor der ästhetische Ausdruck gleichgültig ist, dann kann auch der Roman nicht als

Roman, sondern nur als Vehikel einer Mitteilung gelesen werden. Diese Mitteilung wäre freilich auch auf weniger als den aufgewendeten 271 Seiten zu machen gewesen. Streng genommen hätte der fiktive Brief gereicht, den die in Bad Kleinen mitverhaftete Terroristin Birgit Hogefeld (hier Katharina Blumenschläger) an den Vater von Wolfgang Grams (hier Oliver Zurek) richtet: „Was geschehen ist, geschah nicht aus Verachtung für das Land und seine Bevölkerung, es war Liebe und ein Gefühl von Verantwortlichkeit für diese Gesellschaft und für unsere Heimat, die uns auf diesen Weg führten. Die Macht macht schmutzig, und der Kampf gegen diese schmutzige Macht ebenso."

Das ist alles. Mehr möchte Christoph Hein nicht sagen. Der Kampf der Terroristen war deswegen so schmutzig, weil der Staat so schmutzig war, gegen den sie kämpften. Dem Autor ist bei seiner Mitteilung aber nicht schwer ums Herz. Es liegt vielmehr die frohe Botschaft an seine ostdeutschen Landsleute darin, dass die Bundesrepublik nicht der moralisch überlegene Staat ist, als der er zu Wendezeiten erscheinen mochte. Er soll vielmehr als genauso schmutzig wie die untergegangene DDR gedacht werden. Christoph Hein will nicht aufrütteln, sondern denen Trost spenden, die an der postsozialistischen Depression leiden. Das muss man verstehen, um seine Betulichkeit und den Mangel an literarischem Ehrgeiz zu würdigen: Das Buch will kein Roman sein, sondern ein frommes Traktätchen.

Roman Bucheli, Neue Züricher Zeitung vom 01.02.2005

Die bleiernen Jahre als Rührstück
Christoph Hein schreibt einen RAF-Roman

Es war ein seltsames Schauspiel, als vor einem Jahr Christoph Hein mit seinem Roman „Landnahme" quer durch die Bundesrepublik reiste und sich auf seinen Lesungen von Prominenz aus Kultur und Politik begleiten ließ. Jutta Limbach, die erste Präsidentin des Bundesverfassungsgerichtes und heutige Präsidentin des Goethe-Instituts, und der vormalige Bundespräsident Richard von Weizsäcker, um nur diese zu nennen, stellten dem Publikum den Autor und das Buch vor, das in seiner Substanz auch einem nicht sonderlich argwöhnischen Leser als verharmlosende Darstellung der DDR vorkommen konnte. Fast erweckte der Roman den Eindruck, seine Figuren trauerten den einst überschaubaren Verhältnissen nach, denen man allenfalls kleinbürgerlichen Mief, doch nichts Schlimmeres nachzusagen gewusst hätte.

Nun veröffentlicht Christoph Hein mit „In seiner frühen Kindheit ein Garten" einen Roman über eine der letzten Episoden des deutschen Terrorismus. Vor den Kopf stoßen könnte das Buch manchen, der vor Jahresfrist noch mit Christoph Hein vor die Leser trat. Denn nicht weniger als die Bundesrepublik und der Rechtsstaat sitzen in diesem Roman auf der Anklagebank. Und wenn Christoph Hein in diesem Roman über die RAF auch nicht umhinkommt, das Wort Terrorismus da und dort hinzusetzen, so sucht man doch vergeblich nach der Buchstabenfolge RAF.

Frei erfunden „Die namentlich genannten Personen des Romans sind frei erfunden", heißt es. Das stimmt nur bedingt. Fast alles, was wir von der (toten) Hauptfigur Oliver Zurek erfahren, alles, was uns berichtet wird von seinem Tod und den darauf folgenden Untersuchungen, deckt sich passgenau mit Ereignissen, die in den neunziger Jahren die Bundesrepublik in ihren Fundamenten erschütterte (tatsächlich ist denn auch einmal am Rande von einem kleinen Erdbeben die Rede). Oliver Zureks Geschichte ist weitgehend dem Leben des RAF-Terroristen Wolfgang Grams nachempfunden. Dieser wurde 1979 unter einem nie erhärteten Vorwurf der Mitgliedschaft in einer terroristischen Vereinigung für fünf Monate inhaftiert; fünf Jahre später tauchte er unter, um sich der RAF anzuschließen; im Juni 1993 wurde er zusammen mit seiner Gefährtin Birgit Hogefeld von einer Einheit des deutschen Grenzschutzes auf dem Bahnhof in Bad Kleinen gestellt; im anschließenden Schusswechsel starben ein Mitglied des Einsatzkommandos sowie Wolfgang Grams selbst.

Ungeachtet widersprüchlicher Gutachten und Zeugenaussagen, trotz verlorenen oder absichtlich vernichteten Beweismitteln hielt damals der abschließende Untersuchungsbericht fest, dass der Grenzschutzbeamte von Wolfgang Grams erschossen worden sei und dieser hernach sich selbst gerichtet habe. Die Zweifel an dieser amtlichen Darstellung konnten jedoch nie vollends ausgeräumt werden. Eine Zivilklage der Eltern von Wolfgang Grams gegen die Bundesrepublik wurde 1998 abgewiesen; der Richter indes ließ durchblicken, dass nicht rechtskräftig erwiesen worden sei, ob der verletzte Wolfgang Grams tatsächlich Suizid begangen habe oder ob er nicht doch, wie Zeugen es gesehen haben wollten, von den Grenzschutzbeamten aus nächster Nähe hingerichtet worden sei.

Dies also ist die Ausgangslage des Romans. Christoph Hein erzählt uns die Geschichte, wie man sie in jedem Zeitungsarchiv nachlesen kann. Andere Hintergründe scheinen ihn kaum oder überhaupt nicht zu interessieren. Oliver Zurek ist bei ihm eine verschwiegene Blindstelle, seine Biografie wird weder mit fiktiven Geschichten noch mit recherchierten Fakten plastisch. Hein schränkt unseren Blick auf die Ereignisse in Bad Kleinen (Kleinen heißt die Stadt bei ihm) und deren juristische Nachspiele ein. Er erzählt ausschließlich aus der Perspektive von Olivers Eltern, die zwar auch verstehen wollen, was mit ihrem Sohn geschehen ist, die aber immer verzweifelter sich an die Vorstellung klammern, der Staat habe sich gegen sie verschworen und ihr Sohn sei kein Täter, vielmehr ein Opfer.

Hatte Christoph Hein in früheren Romanen - etwa in „Horns Ende" oder zuletzt in „Landnahme" - jeweils die erzählte Geschichte in mehrere und zum Teil sich widersprechende Perspektiven aufgebrochen, so unterlässt er eine solche

Parallelisierung unterschiedlicher Sichtweisen in diesem Fall, da es sich doch durch die nie vollends aufgeklärten Umstände von Oliver Zureks Tod geradezu aufgedrängt hätte. So kann denn der Erzähler zusammen mit den Eltern und deren Anwalt „finstere Vermutungen" über eine „riesige Verschwörung" des Staates und der Presse gegen ein paar irregeführte junge Leute anstellen. Dafür mag es Anhaltspunkte geben; in der Ausschließlichkeit, mit der diese Ansichten hier vorgetragen werden, liegt freilich die Problematik des Romans. Statt eine Bruchstelle in der neueren Geschichte der Bundesrepublik in ihre widersprüchlichen Facetten zu zerlegen, verwandelt Christoph Heins Roman die letzte Episode des deutschen Terrorismus in ein sentimentales Rührstück.

Zudem leistet Hein einer Verharmlosung der bleiernen Jahre Vorschub, wenn er die Eltern reichlich unbedarft den Gründen nachgehen lässt, die ihren Sohn in „diese anderen Kreise" – „Mörderbande" nennt Olivers Schwester die RAF dann immerhin etwas unverblümter – haben abgleiten lassen. So schildert die Mutter etwa jene Episode, als sie mit ihrem Sohn einen Anzug für die Abiturfeier kaufen wollte und dieser Zeuge eines brutalen Polizeieinsatzes wurde. Oliver sei danach völlig verstört gewesen. Der Vater spricht aus, was die Mutter nur andeutungsweise sagt: „Wenn Oliver wirklich ein Terrorist geworden ist, so hat ihn der Staatsschutz dazu gemacht."

Extreme Fokussierung Um dieser Darstellung etwas Rückhalt zu geben, verkürzt Hein (in einer der wenigen Abweichungen von der sonst sehr genau der realen Geschichte von Wolfgang Grams folgenden Erzählung) die Frist von der Entlassung aus der ungerechtfertigten Haft bis zum Eintritt in die RAF von fünf Jahren bei Wolfgang Grams auf ein halbes Jahr bei Oliver Zurek. Die Absicht ist klar: Der Zusammenhang zwischen dem Übergriff der Justiz und dem Entschluss zum terroristischen Kampf soll als existenzieller evident werden. Das wiederum erinnert fatal an die Argumente, die in früheren RAF-Prozessen von den Angeklagten vorgebracht worden waren: „Ich kann doch nur dann nicht mehr straffällig werden an der Gesellschaft, wenn sie mir keinen Anlass dazu gibt", argumentierte etwa Thorward Proll 1968 beim ersten RAF-Prozess nach der Frankfurter Kaufhaus-Brandstiftung.

Indem Christoph Hein seine Erzählung vor dem Jahr 2001 abbrechen lässt, vermeidet er außerdem die Konfrontation mit unbequemen Fakten. Da nämlich gelang den Behörden mit einer DNA-Analyse der Nachweis, dass Wolfgang Grams 1991 an der Ermordung von Karsten Rohwedder, dem damaligen Chef der Treuhand-Behörde, beteiligt gewesen sein dürfte. So trägt „In seiner frühen Kindheit ein Garten" wenig zur Durchleuchtung einer dunklen Epoche bei. Der Roman porträtiert die RAF-Terroristen als harmloses Grüppchen von Verführten, die es doch eigentlich gut gemeint hatten. Und Christoph Hein geht mit seinem Roman immer haarscharf am Kitsch vorbei. Dabei muss man anerkennen, dass hier ein tatsächlich ungeklärtes Kapitel der bundesdeutschen Terrorabwehr unter die Lupe des Erzählers genommen wird; die partielle Blindheit freilich, die der Autor dem Leser durch die extreme Fokussierung auferlegt, ist weder in der Sache noch ästhetisch angemessen, aber wohl Absicht. Denn folgenden Subtext glaubt man nun in „Landnahme" und Heins jüngstem Roman zu lesen: Während östlich der Elbe die Dinge erst nach 1989 richtig unangenehm wurden, waren sie es in der BRD schon lange und noch immer.

12. Quellenverzeichnis

Primärtext

- Hein, Christoph: In seiner frühen Kindheit ein Garten. Suhrkamp Verlag, Frankfurt am Main 2005.

Sekundärtexte

- Bernhardt, Rüdiger: Erläuterungen zu Christoph Hein: in seiner frühen Kindheit ein Garten. Königs Erläuterungen und Materialien Band 484. Bange Verlag, Hollfeld 2010.
- Bucheli, Roman: Die bleiernen Jahre als Rührstück. Rezension zu Christoph Heins Roman „In seiner frühen Kindheit ein Garten". Aus: Neue Züricher Zeitung, Ausgabe vom 01.02.2005, S. 37. Im Internet unter: http://www.lyrikwelt.de/rezensionen/inseinerfruehenkindheit-r.htm
- Emmerich, Wolfgang: Kleine Literaturgeschichte der DDR. Erweiterte Neuausgabe. Aufbau Verlag, Berlin 2005.
- Höbel, Wolfgang: Kohlhaas in Bad Kleinen. Rezension zu Christoph Heins Roman „In seiner frühen Kindheit ein Garten". Aus: Der Spiegel. Ausgabe 4/2005. S. 168 – 170. Im Internet unter: http://wissen.spiegel.de/wissen/image/show.html?did=39080882&aref=image035/E0503/ROSP200500401680170.PDF&thumb=false
- Jessen, Jens: Da ließ Herr Zurek ihn ins Haus. Rezension zu Christoph Heins Roman „In seiner frühen Kindheit ein Garten". Aus: Die Zeit. Ausgabe vom 03.02.2005. S. 44. Im Internet unter: http://www.zeit.de/2005/06/L-Hein
- Lutz, Bernd: Metzler Autoren Lexikon. Zweite, erweiterte Ausgabe. Metzlersche Verlagsbuchhandlung, Stuttgart/ Weimar 1994.
- Spiegel, Hubert: Bleierner Tanz. Ein Kohlhaas macht noch keinen Kleist: Der neue Christoph Hein. Rezension zu Christoph Heins Roman „In seiner frühen Kindheit ein Garten". Aus: Frankfurter Allgemeine Zeitung, 05.02.2005, S. 48. Im Internet unter: http://www.faz.net/s/Rub1DA1FB848C1E44858CB87A0FE6AD1B68/Doc~EA171070292E84C768D7158827962362C~ATpl~Ecommon~Scontent.html
- Viertelhaus, Benedikt: Die guten Texte wachsen auf düsterem oder dunklem Grund. Interview mit Christoph Hein am 01. Juni 2007. Aus: Kritische Ausgabe. Zeitschrift für Germanistik und Literatur. Ausgabe Sommer 2007, S. 77-82. Im Internet unter: http://kritische-ausgabe.de/hefte/werkstatt/hein-interview.pdf